POUR UNE ÉCOLOGIE SPIRITUELLE

DU MÊME AUTEUR

Le Bouddha et le Terroriste, Anne Carrière, 2007

Tu es donc je suis : une déclaration de dépendance, Belfond, 2010 ; rééd. 2015 ; Pocket, 2012

SATISH KUMAR

POUR UNE ÉCOLOGIE SPIRITUELLE

La Terre, l'Âme, la Société, une nouvelle trinité pour notre temps

Traduit de l'anglais
par Karine Reignier-Guerre

Préface de Marion Cotillard

belfond

Titre original :
SOIL, SOUL, SOCIETY
A New Trinity for Our Time
publié par Leaping Hare Press, United Kingdom
Édition publiée en accord avec The Ivy Press Limited

Retrouvez-nous sur www.belfond.fr
ou www.facebook.com/belfond

Éditions Belfond,
12, avenue d'Italie, 75013 Paris.
Pour le Canada,
Interforum Canada, Inc.,
1055, bd René-Lévesque-Est,
Bureau 1100,
Montréal, Québec, H2L 4S5.

ISBN : 978-2-7144-7569-5
Dépôt légal : septembre 2018

Belfond | un département **place des éditeurs**

place
des
éditeurs

À mes hôtes et amis,
James et Margaret Sainsbury

Préface

M'éduquer, éveiller ma conscience, prendre mes responsabilités, m'engager, défendre des causes, belles et éminemment utiles, faire en sorte de limiter l'impact négatif de mes actions sur cette terre qui me porte et me donne tout, faire de mon mieux pour la préserver.

Pendant des années, j'ai parlé avec conviction de l'harmonie et de la paix dont cette planète avait besoin, de l'amour que cette magnifique et généreuse terre méritait.

Et dès que je me retrouvais seule avec moi-même, j'étais incapable de trouver l'harmonie et la paix en moi. Incapable de me regarder avec amour. Alors je me jetais sur tous les moyens d'évasion mis à ma disposition, et nous, notre société, en avons créé tant.

Je mettais tellement d'énergie à défendre cette planète, à agir de manière exemplaire. Et dans le même temps je polluais allègrement la première terre dont je disposais : moi-même.

Un jour, je suis tombée sur cette phrase toute simple : « Le meilleur projet sur lequel tu puisses travailler, c'est toi-même. » Cela m'a profondément interpelée, et les prémices d'une grande révolution intérieure se sont enclenchées.

J'ai toujours pensé que le monde était à l'image de ce que nous portions à l'intérieur de nous. Alors je suis allée confronter mon tumulte. J'ai entamé mon examen de conscience de manière beaucoup plus profonde et beaucoup plus subtile que ce que j'avais fait jusque-là.

Toutes mes actions envers la planète m'ont bien évidemment été utiles et constructives, mais il était temps pour moi de me connecter à un autre niveau à la pureté de cette nature dont nous faisons partie et qui fait partie de nous.

À la pureté de mon être profond.

Au silence. Au vrai silence. Ne plus me laisser envahir de pensées, pour la plupart inutiles et vaines. Libérer de l'espace en moi pour une évolution pérenne. Et être cohérente avec mon discours.

Ce ne fut pas toujours facile. Certaines lectures, certaines rencontres m'ont guidée. Ce qui est magique et merveilleux lorsque l'on enclenche ce type de « dépollution », c'est que l'existence nous envoie exactement ce dont nous avons besoin. Satish Kumar est un de ces messagers. Son regard, son amour, sa simplicité, sa logique m'ont confirmé la puissance que j'avais en moi. La connexion que j'ai rétablie entre ma terre intérieure et mon âme a donné une qualité nouvelle à mon lien avec cette société dans laquelle j'évolue. Une vibration nouvelle avec le moment présent. Un regard plus éclairé sur ce qui nous entoure.

Ce qui me touche dans la parole de Satish Kumar, c'est qu'elle relie ce que notre société fragmente à tort. Il montre que la terre intérieure, berceau de notre âme, et la terre extérieure qui nous porte sont intrinsèquement liées. Et que cette connexion est indispensable à l'harmonie et à la paix. Qu'en prenant soin de nous, nous prenons soin des êtres et de la nature qui nous entourent. Que prendre soin de la terre est une inspiration, un véritable message d'amour envers soi.

Il délivre un grand message de paix.

Je suis un être en construction, j'ai encore un grand chemin devant moi, mais c'est avec une joie profonde que chaque jour je découvre quel cadeau m'y attend. Ce livre en est un.

Marion Cotillard

Satish Kumar ou l'incarnation du courage et de l'imagination par Lindsay Clarke

Voilà plus de vingt ans que nous sommes amis, Satish Kumar et moi – une amitié solide et précieuse que j'attribue au tempérament chaleureux et charismatique de Satish, mais aussi au grand nombre d'autres visionnaires que j'ai eu la chance de rencontrer en travaillant avec lui au Schumacher College et ailleurs.

Je pense notamment à James Hillman, psychanalyste jungien et père de la psychologie archétypale, dont le fabuleux ouvrage *Le Code caché de votre destin*[1] avance l'idée selon laquelle nous ne venons pas au monde sans la moindre information, mais déjà munis de suggestions quant à notre identité profonde et à la manière de mener notre vie. James Hillman cite à l'appui de sa théorie l'exemple de nombreuses personnalités dont le destin s'est vu façonné par cette connaissance intuitive, mais il me semble que la meilleure preuve de sa thèse se trouvait tout près de lui, en la personne de son ami Satish.

Comment expliquer qu'un petit garçon indien de neuf ans, né au Rajasthan, annonce soudain à sa mère que l'heure est venue pour lui de quitter la maison familiale pour aller rejoindre les moines jaïns, dont la révérence absolue envers toute forme de vie en faisait, même à l'époque, l'un des ordres religieux les plus austères du pays ? Je me suis bien souvent posé la question. La

1. *Le Code caché de votre destin*, James Hillman, traduit de l'américain par Bella Arman, J'ai Lu, Paris, 2010 (1re éd. Robert Laffont, 1999). *(Toutes les notes sont de la traductrice.)*

réponse repose, me semble-t-il, dans ce mystérieux code caché de l'âme, dont Satish avait commencé à décrypter le message puisqu'il se préparait déjà à devenir un « pèlerin de la terre », comme il le dit souvent lui-même.

Comment expliquer, sinon par cette préscience du destin, que ce jeune moine jaïn, prenant conscience de la souffrance et de l'injustice du monde, décide à dix-huit ans de quitter sa communauté religieuse pour suivre l'enseignement de Gandhi en participant à la campagne non violente de réforme agraire menée par Vinoba Bhave, l'un des disciples les plus actifs du Mahatma ?

Comment expliquer que ce militant gandhien décide en 1962, à la suite de l'appel lancé par Bertrand Russell contre la prolifération des armes nucléaires, de se lancer, avec son ami E. P. Menon, dans un pèlerinage insensé ? Les deux jeunes gens ont marché, sans un sou en poche, de New Delhi jusqu'à Moscou, avant de se rendre, toujours à pied et sans argent, à Paris, Londres et Washington, afin d'offrir un paquet de thé aux quatre chefs d'État alors en possession de l'arme nucléaire – thé que Satish leur conseillait malicieusement de glisser dans une théière remplie d'eau bouillante pour s'octroyer un moment de réflexion, confortablement assis, une tasse à la main, au cas où ils seraient tentés de recourir à l'arme nucléaire.

Comment expliquer, sinon par une admirable obstination à tracer sa propre route, que ce fervent pacifiste, arrivé au Royaume-Uni en 1973 avec son enthousiasme pour seul bagage, soit rapidement devenu l'une des voix les plus écoutées et les plus respectées du pays ?

La détermination, le courage et la créativité avec lesquels Satish a su honorer et accomplir ce destin extraordinaire forcent l'admiration. Il est reconnu dans le monde entier en tant que chef de la rédaction du magazine *Resurgence*, fer de lance incontesté de la réflexion écologique depuis plusieurs décennies, défenseur infatigable et convaincant de l'intégrité de la nature, de la justice économique et sociale, et d'un mode de vie fondé sur la révérence, la bienveillance et la non-violence. En fondant The Small School à Hartland, Satish a créé l'archétype d'une communauté éducative innovante et dynamique ; enfin, en tant que fondateur et directeur énergique du Schumacher

College, il a invité un grand nombre de penseurs et de militants de l'écologie et de la justice sociale, parmi les plus reconnus du monde actuel, à venir s'exprimer et enseigner sur le sol britannique, tout en continuant à jouer un rôle essentiel dans l'éveil des consciences et l'émergence d'un nouveau modèle pour la société de demain.

Animé d'un sentiment de révérence absolue envers la splendide planète que nous exploitons de manière si destructrice, Satish est depuis toujours un militant infatigable de la protection de l'environnement. Qu'il s'exprime et agisse en tant que rédacteur en chef, enseignant et formateur, auteur ou producteur d'émissions de radio et de télévision, il nous offre constamment la démonstration de ce qui peut être accompli quand notre perception et notre manière d'être au monde sont nourries par les pouvoirs apaisants et transformateurs de l'âme – des pouvoirs qui sont à l'œuvre, merveilleusement vivants et percutants, entre les pages de ce livre.

Avant-propos

La terre est à l'origine de toute vie, au sens propre comme au figuré. La vie sous toutes ses formes est issue de la Terre mère, et destinée à y retourner. J'aime la terre comme une mère et je prends soin d'elle. Notre planète se compose de quatre éléments : l'eau, l'air, le feu et la terre. Elle ne fait qu'un avec la nature.

Si la terre est mon extérieur, l'âme est mon intérieur. En cultivant la terre pour nourrir mon corps, je prends soin de mon âme ; je cultive l'amour, la compassion, la beauté et l'unité qui me permettent d'atteindre l'harmonie à l'extérieur comme à l'intérieur de moi-même.

Quand je me sens bien à l'intérieur, je me sens bien à l'extérieur. Je suis en bons termes avec mes semblables. En prenant soin de la terre, je deviens membre de la grande communauté terrestre. En prenant soin de la société, je deviens membre de la grande communauté des hommes. Les milliards d'êtres humains, de toutes couleurs et de toutes origines, ne forment qu'une seule et même famille. Je souffre lorsqu'ils souffrent ; je me réjouis lorsqu'ils sont heureux – autant d'émotions que je transcende avec sérénité.

En associant à la terre, l'âme et la société, nous souhaitons montrer à quel point ces éléments essentiels sont liés, interconnectés et interdépendants. Ensemble, ils forment une trinité novatrice qui célèbre la perfection de la vie sous ses innombrables formes.

Introduction

L'idée de réunir la terre, l'âme et la société pour former une nouvelle trinité constitue l'aboutissement d'un long processus de décantation de mes connaissances et de mes expériences. J'ai passé la première moitié de ma vie en Inde, où je suis né ; la seconde en Grande-Bretagne, où je réside depuis quarante ans. J'ai beaucoup appris de l'Orient comme de l'Occident, et je voue à ces deux cultures ancestrales une profonde reconnaissance.

En lisant les *Discours sur la Gita*[1] de Vinoba Bhave, je me suis familiarisé avec une doctrine exprimée à l'aide de trois mots en sanskrit qui m'a permis de mieux comprendre et d'améliorer les relations entre moi-même, la nature et la société.

Quelques années plus tard, quand je me suis rendu à pied à New Delhi, à Moscou, à Paris, à Londres et à Washington pour défendre la paix dans le monde, j'ai compris que celle-ci ne se résumait pas à l'absence de guerre : vivre en paix, c'est d'abord vivre en harmonie avec la planète Terre, avec soi-même et avec autrui, quelles que soient votre couleur de peau, votre religion et votre nationalité. Entreprise pour protester contre la prolifération des armes nucléaires, cette longue marche fut aussi une longue méditation sur l'interdépendance et la coexistence des hommes et de la nature. J'étudiais la philosophie bouddhique depuis mon plus jeune âge, mais le sens profond des quatre nobles vérités ne m'est apparu qu'à la faveur de cette méditation

1. Paru chez Macmillan en 1960 sous le titre *Talks on the Gita*, cet ouvrage n'est pas traduit en français. *(Toutes les notes sont de la traductrice.)*

sur la corrélation entre la terre, l'âme et la société : j'ai découvert que les nobles vérités s'appliquent à chacun des éléments de la triade. Et que l'individu ne peut espérer aller mieux si la planète et ses habitants sont en souffrance.

J'ai passé mon adolescence dans une communauté monastique jaïne. La non-violence, la modération, l'ascétisme et l'autodiscipline régissaient mon quotidien de jeune moine, mais je n'envisageais alors ces règles de vie que sous l'angle de la libération et de l'élévation de l'âme. Plus tard, en étudiant la *Bhagavad-Gita*, puis en parcourant à pied des milliers de kilomètres à travers le monde – ce qui m'amena à découvrir d'autres cultures et à méditer sur le sens profond des quatre nobles vérités –, j'ai commencé à envisager les principes du jaïnisme sous un jour différent. Pratiquer la non-violence et éviter tout geste malveillant envers les plantes, les animaux et les êtres humains me permettait tout à la fois d'améliorer mes relations avec la nature, avec autrui et avec moi-même. Si notre civilisation acceptait d'obéir aux grands principes que sont la non-violence, la modération et l'autodiscipline, nous éviterions bien des catastrophes écologiques et pourrions mettre fin à l'aliénation individuelle et à l'injustice sociale.

Les jaïns, comme la *Gita*, ont recours au terme *tapas* (austérité) pour désigner l'autodiscipline et la pratique de l'ascétisme. Dérivé d'un verbe sanskrit signifiant « brûler », il m'a toujours intrigué. Je me rappelle avoir entendu Vinoba établir une comparaison entre l'ascétisme et le mûrissement des fruits : soumis à la brûlure du soleil, le fruit acquiert peu à peu une belle couleur, un délicieux parfum et une saveur exquise. Il en va de même pour l'être humain : s'il souhaite acquérir douceur et maturité, il devra s'exposer à la brûlure intérieure de l'ascétisme. La plupart des céréales et des légumes mûris au soleil ne deviennent digestes et comestibles qu'après avoir été portés à haute température. Pour reprendre la comparaison de Vinoba, ces aliments font *tapas*. De même, un lingot d'or ne se muera en bijou qu'après avoir été fondu, et une motte d'argile ne deviendra un plat qu'après avoir été modelée et passée au four. Sans autodiscipline, nul ne parvient à se transformer pour éclore et naître à lui-même. Les pratiques spirituelles sont toutes des formes d'autodiscipline destinées à raffermir notre âme et à nous préparer moralement aux aléas de l'existence.

Peu d'hommes ont pratiqué l'autodiscipline, la modération et la non-violence avec autant de ferveur que le Mahatma Gandhi. Ce faisant, le père de la démocratie indienne a instauré une trinité de valeurs très semblable à celle que forment la terre, l'âme et la société. Gandhi a toujours été et demeure pour moi un point de repère essentiel. Il a su, mieux que personne, affirmer la nécessité de révérer la vie sous toutes ses formes. Quel que soit le programme de la journée à venir, il commençait toujours par méditer, prier et jeûner, seul et en silence, afin de nourrir son âme. Puis il se consacrait entièrement à la mission qu'il s'était assigné, celle d'améliorer les conditions de vie des plus pauvres – intouchables, opprimés et dépossédés d'un bout à l'autre du pays. Ses idées et son mode de vie constituent l'essence même de ma triade « terre, âme, société ».

À peine éclose sur ce terreau fertile, cette trinité a trouvé sa voix dans la poésie de Rabindranath Tagore. Sans la poésie, la politique demeure dans l'impasse. Dès mes premières lectures, j'ai été ensorcelé par la force créatrice et l'imagination de Tagore, une force qu'il déploie avec la même virtuosité dans ses nouvelles, ses chansons, sa peinture, ses pièces de théâtre et ses poèmes. Très vite, il m'a semblé que les hommes prendraient d'autant mieux soin de la terre, de l'âme et de la société qu'ils seraient galvanisés par l'enchantement que procure un grand poème ou une belle chanson. Aussi me suis-je beaucoup appuyé sur la poésie de Tagore pour donner corps à cette nouvelle trinité.

Outre ses talents de poète, Tagore était un merveilleux pédagogue, fondateur d'une école expérimentale et d'une université. Il faisait classe sous le couvert des arbres. « Vous avez deux professeurs, expliquait-il à ses élèves. Moi, je représente l'espèce humaine ; l'arbre sous lequel nous sommes assis représente la nature. Vous avez bien plus à apprendre de cet arbre que de moi. » Je suis entièrement d'accord avec lui. L'arbre offre ses fruits avec une générosité sans égale à tous ceux qui souhaitent les savourer. Qui peut en dire autant ?

J'ai suivi l'exemple de Tagore en créant à mon tour une école expérimentale, The Small School, à Hartland, où je vis, et le Schumacher College à Dartington, également dans le Devon. Il s'agissait pour moi d'élargir le champ de la connaissance : au lieu de mettre l'accent sur la lecture, l'écriture et l'arithmétique, nous incitons les enfants à faire usage de leur tête, de leur cœur et de leurs mains.

Mes années de formation dans un monastère jaïn, l'étude des grands principes du bouddhisme, la marche que j'ai entreprise pour la paix, mon engagement dans le mouvement gandhien et mon admiration pour l'œuvre de Tagore m'ont familiarisé avec la philosophie orientale. En arrivant en Europe, j'ai rencontré l'économiste britannique d'origine allemande Ernst Friedrich Schumacher. Fervent défenseur de l'environnement, philosophe épris de quête spirituelle, E. F. Schumacher incarnait les idéaux que je cherchais à réunir au sein de la triade « terre, âme, société ». Son plus grand succès d'édition, *Small is Beautiful*[1], est sans conteste l'ouvrage occidental qui m'a le plus durablement influencé. Alors que la société des hommes se tournait peu à peu vers la centralisation, la mondialisation, la militarisation et la marchandisation, Schumacher a eu le courage et l'audace de promouvoir exactement le contraire : une économie locale et écologique, des circuits courts, un cadre de vie sobre et spirituel, élégant et non violent. Ces valeurs, ainsi que la personne même de Fritz Schumacher, ont profondément imprégné mon travail d'auteur et de rédacteur en chef.

J'ai cherché, dans la plupart de mes livres, à mettre en lumière le caractère essentiel de chacun des éléments de la trinité et la manière dont ils s'articulent entre eux. Avec cet ouvrage, je souhaite témoigner de ma gratitude envers mes mentors, dont la vie et l'œuvre militante ont si fortement influencé les miennes.

1. *Small is Beautiful : une société à la mesure de l'homme*, de E. F. Schumacher, traduit de l'anglais par Danielle et William Day et Marie-Claude Florentin, Le Seuil, Paris, 1979.

1

Terre, âme, société

Au cours de son histoire, l'homme a souvent exprimé ses aspirations les plus profondes au moyen d'une trinité de dieux ou de concepts associés pour résumer un mouvement de pensée, des croyances religieuses ou une philosophie ancestrale. Les Hindous vénèrent la trinité constituée de Brahma, le créateur, de Vishnu, le protecteur, et de Shiva, le destructeur – trois dieux pour symboliser la naissance, la vie et la mort. Le Père, le Fils, et le Saint-Esprit condensent la vision chrétienne de l'univers, « vérité, bonté et beauté », celle des Grecs anciens.

« Vie, liberté et poursuite du bonheur » permit aux auteurs de la Constitution américaine de formuler les idéaux démocratiques de leur jeune nation. « Liberté, égalité, fraternité » fut le mot d'ordre de la Révolution française. Plus près de nous, le courant New Age instaura dans les années 1980 une trinité fondée sur « l'âme, le corps et l'esprit ». Si chacune de ces formules s'est révélée pertinente en son temps, aucune d'entre elles ne permet de synthétiser de manière explicite nos aspirations à une conception plus globale et plus écologique du monde. Axées sur une quête spirituelle ou sociale, elles pèchent par excès d'anthropocentrisme : elles ne disent rien de notre relation avec la nature et taisent la nécessité d'établir un lien entre les pratiques sociales et l'exercice spirituel.

J'ai puisé dans un très ancien texte hindou, la *Bhagavad-Gita*, trois termes sanskrits qui m'ont permis de mieux articuler ma vision de l'écologie, de la spiritualité et de la société : *yajna*, *tapas* et *dana*. Le *yajna* (sacrifice rituel) décrit nos relations avec la nature ; les diverses formes de *tapas* (austérité) mettent l'accent sur notre vie intérieure ; le *dana* (devoir de charité) nous invite à nous mettre au service d'autrui. Convaincu du caractère essentiel de ces concepts, je les ai retraduits et reformulés de manière à forger la trinité « terre, âme, société ».

Nourrir la terre qui nous nourrit

J'évoque la terre en premier, car elle représente la nature et conditionne toute vie sur la planète. Tout vient de la terre et retourne à la terre. Les aliments qui nous donnent vie viennent de la terre. Elle abrite l'eau, sans laquelle la vie n'existerait pas ; elle est en relation constante avec le soleil, la lune et les étoiles. Elle symbolise si bien la nature qu'elle en vient à se confondre avec elle dans notre esprit. Si nous prenons soin de la terre, la terre prendra soin de nous. La terre nous unit et nous relie les uns aux autres. Elle nous soutient et nous contient. D'elle dépend notre existence même. Elle nous permet de vivre et nous traite tous d'égale manière : que nous soyons riches ou pauvres, poètes ou paysans, jeunes ou vieux, la terre nous offre ses bienfaits. Qui que nous soyons, elle nous aime et nous nourrit sans condition et sans discrimination.

> L'espoir est cette chose avec des plumes
> Qui est perchée dans l'âme
> Et qui chante une mélodie sans paroles
> Et qui jamais ne s'arrête – jamais.
>
> EMILY DICKINSON

Malheureusement, le développement des sciences, les innovations technologiques, les orientations prises par la philosophie et la pensée économique au cours des trois derniers siècles ont incité les hommes à se croire maîtres de la nature. Convaincus que l'espèce humaine est supérieure à toutes les autres, ils ont asservi animaux, forêts, fleuves et océans, qu'ils exploitent pour satisfaire leurs besoins vitaux et assouvir leurs désirs les plus cupides. Appelée « spécisme », cette vision du monde se caractérise par la domination absolue de l'espèce humaine sur toutes les autres. Arrogante et anthropocentriste, cette domination a signé la fin des relations de respect, de réciprocité, de révérence et de spiritualité qu'entretenaient les hommes avec la nature.

Au fil des siècles, les hommes se sont imaginé qu'ils étaient séparés de la nature et bien supérieurs à elle. Aux yeux de l'homme moderne, la nature – les forêts, les fleuves, la faune et la flore – est *là-bas*, à l'extérieur ; nous autres humains sommes *ici*, à l'intérieur, dans nos maisons, nos palais, nos châteaux, nos appartements, nos bureaux, nos voitures, nos trains et nos avions.

De nombreux philosophes et scientifiques estiment désormais que l'homme est en droit d'assujettir la nature par tous les moyens – techniques, scientifiques, industriels ou commerciaux. Depuis l'avènement de la révolution industrielle et du progrès technologique, l'espèce humaine est en guerre contre la nature, une guerre qui la conduit à vider les océans et à empoisonner les sols à coups d'engrais et de pesticides sous prétexte d'augmenter la production alimentaire ; à mettre en cage et à maltraiter les animaux dans le seul but d'augmenter les profits générés par la vente des protéines animales ; à détruire les grandes forêts d'Europe, d'Asie et d'Amazonie pour allouer toujours plus de terres arables à l'industrie agroalimentaire. Partout, l'homme livre bataille, sans s'apercevoir qu'il n'a rien à y gagner : même victorieux, il finirait du côté des perdants, seul sur une terre dévastée.

Pourtant, cette guerre se poursuit, basée sur la conviction que la nature a pour seule fonction d'alimenter le moteur de l'économie. Une conviction totalement erronée : en fait, c'est l'économie qui est au service de l'écologie, non l'inverse. Si le capital naturel venait à disparaître, si l'homme polluait l'environnement au point de le rendre inexploitable, alors l'économie mourrait, elle aussi !

Voilà pourquoi l'homme doit redevenir humble et se reconnecter avec la nature. C'est, à mon sens, le grand défi du XXIe siècle : comprendre que la nature n'est pas seulement là-bas, à l'extérieur, mais ici, en nous, puisque nous en faisons partie. Le mot « nature » est dérivé du mot « naissance » : « natal », « natif », « nativité » et « nature » partagent la même étymologie. Tout ce qui naît et meurt appartient à la nature. Or, l'homme naît et meurt, lui aussi. Il ne forme donc qu'un avec la nature. Aussi les blessures qu'il lui inflige sont-elles autant de coups que nous portons contre nous-mêmes. En la détruisant, nous nous détruisons aussi. Nous sommes tous liés les uns aux autres. Nous vivons dans un monde interdépendant.

La certitude que l'homme ne fait qu'un avec la nature nous permet de poser un regard neuf sur l'existence et d'apprécier la vie sous toutes ses formes – une attitude que le philosophe norvégien Arne Næss avait baptisée « *deep ecology* », l'écologie profonde. Tant que nous mesurons la valeur d'une ressource naturelle à l'aune de son utilité envers l'espèce humaine, tant que nous protégeons et préservons la nature dans notre seul intérêt, notre démarche demeure superficielle. L'écologie profonde consiste à accorder une valeur intrinsèque à toute forme de vie, aussi infime soit-elle. Le brin d'herbe, le ver de terre, l'insecte et même le moustique ont le droit de vivre. Il en va de même pour les arbres, les rivières, les oiseaux et les poissons, qu'ils nous soient utiles ou non.

Une telle pensée ne peut émerger qu'à l'issue d'un contact intense et rapproché avec les éléments, avec la faune et la flore. Or, notre mode de vie nous a coupés de la nature : nous n'avons pratiquement plus de contacts avec elle. Comment, dès lors, connaître cette expérience intense de nature qui nous mènera vers l'écologie profonde ? Tout, dans notre existence, semble conçu pour nous éloigner de la nature. Nos appartements, nos bureaux, nos boutiques sont totalement déconnectés du monde extérieur : nous passons nos journées sous des lumières artificielles, respirons un air conditionné et buvons de l'eau en bouteille !

Pour reprendre contact avec la nature, commençons par frôler la terre du bout des doigts. Puis allons plus loin : promenons-nous en forêt, nageons dans la mer, observons les nuages, admirons le coucher du soleil. Seule une expérience de ce type, d'une grande intensité sensorielle, peut favoriser l'émergence d'un véritable engagement écologique et nous permettre de passer du rôle de consommateur à celui de protecteur de la nature.

Si les droits de l'homme sont universellement reconnus, les droits de la nature restent à établir. C'est tout le sens du combat mené par les tenants de la *deep ecology* : ils nous invitent à fonder nos relations avec la nature sur le sentiment de révérence que nous inspire la vie. L'écologie profonde est une forme spirituelle et révérencielle d'écologie. Pour elle, la nature n'est pas un objet mort : elle est vivante. D'après le scientifique britannique James Lovelock, auteur de *L'Hypothèse Gaïa*[1], la planète Terre forme un tout comparable à un organisme autorégulé – autrement dit : un être vivant.

Nettement plus anciens, les grands textes de la philosophie hindoue accordent un statut prépondérant à la nature en la dotant d'intelligence et de conscience. La terre, l'air, l'eau et le feu ont chacun leur divinité propre : outre Indra, le dieu de la pluie, Vayu, le dieu des vents, Agni, la déesse du feu et Bhumi, la déesse de la terre, les Hindous vénèrent le dieu du soleil, la déesse de la lune, Shiva, le dieu de l'Himalaya, et Ganga, la déesse de l'eau. Les dieux et déesses ne sont pas distincts de la nature : ils partagent son essence même.

Pour Vinoba Bhave, l'auteur des *Discours sur la Gita*, nous sommes environnés par le divin : il est présent devant nous à chaque instant. Il loge dans les êtres animés et inanimés. Il est partout dans l'univers. Il se glisse dans les méandres des fleuves sacrés, au sommet des montagnes, dans le cœur tendre des vaches, dans le chant mélodieux des coucous, dans les flammes du feu qui monte vers le ciel, dans les étoiles qui brillent au firmament. Nous devrions exercer notre regard afin de percevoir le divin sous toutes ses formes, dans tout ce que nous voyons.

La nature est divine, sacrée et généreuse. En se renouvelant constamment, en mourant pour renaître, la vie opère un sacrifice permanent qui permet de nourrir l'ensemble des habitants

1. Traduit de l'anglais par Paul Couturiau et Christel Rollinat, coll. « Champs », Flammarion, Paris, 2010 (1re éd. 1986).

de la planète. Comme tout être vivant, l'homme bénéficie des dons de la nature. Si nous veillons à puiser dans les ressources naturelles ce qu'il nous faut pour vivre, et rien de plus, la nature nous prodiguera ses bienfaits : de quoi boire, manger et nous abriter. Recevons ces offrandes avec gratitude et humilité, sans en abuser, sans les saccager, les gaspiller ni les polluer. Comme le disait souvent Gandhi, « la nature est assez abondante pour répondre aux besoins de chacun, mais pas assez pour satisfaire l'avidité d'un seul homme ». Le gaspillage est une forme de violence, tout comme la pollution et l'accumulation de richesses superflues.

La nature est douce, généreuse et compatissante. Elle fait preuve à tout instant d'un amour inconditionnel. D'une petite graine peut jaillir un grand pommier qui produira des milliers de pommes, année après année. L'arbre offre ses fruits sans rien demander en retour ; ses pommes sucrées, savoureuses et nourrissantes réjouissent tous ceux s'approchent. Qu'il s'agisse d'un saint ou d'un pêcheur, d'un paysan ou d'un philosophe, d'un homme ou d'un animal, d'une guêpe ou d'un oiseau, tous sont également invités à goûter ses fruits.

Les arbres

Je pense que je ne verrai jamais
Un poème aussi beau qu'un arbre.
Un arbre dont la bouche affamée se presse
Contre le sein généreux de la terre ;
Un arbre qui regarde Dieu tout le jour,
Et lève ses bras de feuilles pour prier ;
Un arbre qui en été peut porter
Un nid d'oiseaux dans ses cheveux ;
Qui couche la neige sur son poitrail ;
Un arbre qui connaît l'intimité de la pluie.
Les poèmes sont écrits par des idiots comme moi,
Mais Dieu seul peut créer un arbre.

JOYCE KILMER

Le principe du *yajna* nous invite à célébrer la beauté, la grandeur et l'abondance de la nature en lui restituant ce que nous lui avons pris. Si pour construire une maison, nous abattons cinq arbres, il faudra en replanter cinquante. Si nous récoltons du blé, du riz et des légumes, nous devrons répandre du fumier sur la terre et la laisser en jachère après sept années de labours afin de lui rendre ses éléments nutritifs. Ces pratiques constituent le *yajna*, une forme de sacrifice destiné à reconstituer, renouveler et restaurer les ressources naturelles. Voici ce qu'écrit Vinoba Bhave à ce sujet dans ses *Discours sur la Gita* : « Si nous sommes une centaine à nous réunir en un lieu donné pour une journée, nous piétinerons le sol et polluerons l'atmosphère. Avant de partir, il faudrait penser à restaurer l'équilibre, à remettre la nature en place. La pratique du *yajna* a été instituée précisément dans ce but : elle consiste à rembourser, à rendre à la nature ce que nous avons pris [...], à compenser les pertes que nous lui avons fait subir. C'est l'un des objectifs du *yajna*. »

Lorsqu'elle est perçue comme une machine inanimée, la nature devient un objet d'exploitation. En revanche, quand elle est perçue comme sacrée, elle devient une source d'inspiration pour les artistes, les écrivains et les poètes, les architectes et tous ceux qui s'intéressent à la religion et à la spiritualité. Nous admirons Vincent Van Gogh pour le talent avec lequel il a peint un bouquet de tournesol, mais nous oublions que les tournesols sont eux aussi une œuvre d'art, une manifestation du divin dont la beauté a stimulé l'inspiration de l'artiste. Que serait Van Gogh sans tournesols, Monet sans nymphéas et Cézanne sans montagne Sainte-Victoire ? Les artistes ont toujours su reconnaître le caractère sacré de la nature. Il est impératif que les scientifiques, les industriels et les hommes politiques fassent de même et cessent de considérer la nature comme une simple source de profit.

Ceux qui abordent la nature avec humilité et gratitude apprendront beaucoup à son contact. La civilisation moderne, résolument anthropocentriste, nous a habitués à apprendre un tas de choses *sur* la nature – ce qui est fort différent. Lorsque nous lisons des ouvrages sur la nature, elle devient un objet d'étude et d'exploitation. Cette attitude conduit certains scientifiques, comme l'ingénieur britannique Francis Thomas Bacon, à juger qu'il appartient à l'homme de « voler les secrets de la nature ». Lorsque nous apprenons *de* la nature, en revanche, nous établissons une relation privilégiée avec elle. Et nous observons les mystères des processus naturels avec humilité et révérence.

Il suffit d'observer un arbre pour mesurer à quel point tout est lié. La photosynthèse permet à l'énergie du soleil de faire croître les feuilles de l'arbre, la pluie le nourrit, la terre abrite ses racines. Ces liens puissants se déploient sous nos yeux en permanence. Observez votre environnement, et vous comprendrez : c'est tout ce que vous avez à faire !

En nous immergeant dans la nature, nous développons notre capacité à éprouver de l'empathie et de l'amour pour elle. Or, aimer, c'est soigner, protéger et préserver.

Une grande partie du mouvement écologiste actuel est hanté par la crainte d'une catastrophe. L'éventualité de la fin du monde éveille les consciences – mais est-ce une bonne motivation ? Certainement pas. Difficile de bâtir un avenir durable sur la peur ! L'amour et le sentiment de révérence que nous inspire la nature me semblent plus à même de guider les hommes sur la voie de la cohérence, de l'harmonie et de la pérennité.

L'harmonie constitue à mon sens l'un des principes fondamentaux de l'écologie : il suffit qu'elle se rompe pour que surgissent la discorde et le conflit. Aussi les hommes doivent-ils veiller à la restaurer et à la maintenir partout où elle est menacée. Le professeur iranien Elahi Ghomshei, grand érudit et spécialiste de la littérature soufie, établit la comparaison suivante : si la connaissance de l'harmonie universelle est une science, alors l'expression et la communication de l'harmonie est un art, et la pratique quotidienne de l'harmonie une religion. Dans cette optique, la science, l'art et la religion n'entrent pas en conflit : leurs pratiques se complètent dans une quête d'harmonie. La plupart des crises ou des catastrophes écologiques surviennent parce que nous avons placé la science, l'art et la religion dans des compartiments différents. Pour bâtir un avenir durable et déjouer les problèmes liés à la diminution des ressources naturelles, à l'explosion de la population mondiale et à la destruction de la biodiversité, nous devons rétablir la cohérence entre la science, l'art et la religion, seul moyen de mener une existence harmonieuse.

Nourrir l'âme

Si la *Gita* nous invite à vivre en harmonie avec la terre, c'est-à-dire avec la nature, elle nous suggère également de vivre en harmonie avec nous-mêmes.

Chaque individu est un être unique et singulier. Comme l'écrit l'historien d'art sri lankais Ananda Coomaraswamy pour souligner l'immense potentiel qui réside en chaque être humain, « les artistes ne sont pas des personnes à part, mais chaque personne est une sorte particulière d'artiste ».

Atman est le terme sanskrit désignant l'âme, la conscience individuelle de l'homme, et *paramatman*, celui qui désigne l'âme universelle, ou *anima mundi* – la conscience absolue. De même, toujours en sanskrit, *nara* désigne l'être humain, et *narayana*, l'être ultime (ou Dieu). La langue ourdoue offre une formulation similaire : l'individu est appelé *khud*, et l'être divin *Khuda*. L'individu se voit délivré des frontières trop étroites de son identité et transformé en conscience divine par le simple ajout de la lettre « a ».

Pour atteindre cet état de conscience éclairée, l'homme doit d'abord apprendre à se connaître, puis se mettre au service d'autrui de manière désintéressée, en renonçant à son ego au profit de la conviction qu'il fait partie d'un tout. Chacun de nous est un organe du grand corps terrestre, un membre de l'immense communauté des êtres vivants. Tout comme chaque branche fait partie intégrante de l'arbre, chaque créature, qu'elle soit humaine ou non, fait partie intégrante de la planète Terre.

Nous peinons souvent sous le fardeau de notre identité, réduite à des critères trop restrictifs : nationalité, sexe, couleur de peau, religion, classe sociale, et autres concepts et constructions mentales réductrices. Nombreux sont ceux d'entre nous qui s'enferment dans l'opposition entre « moi » et « les autres »,

« à moi » et « à eux ». L'amour universel nous permet de sortir du carcan de l'*ego* pour nous joindre à l'*éco* : remplacez le « g » par un « c » et vous ferez un pas de géant !

Le suffixe « éco » est l'un des plus beaux qui soient. Nous lui devons l'écologie et l'économie. Il vient du grec ancien *oikos*, qui signifie à la fois « maison » et « patrimoine ». Pour les philosophes grecs, la maison ne se limitait pas aux murs d'une habitation : elle regroupait l'ensemble des biens et des hommes rattachés à un même lieu. Nous pourrions en dire de même aujourd'hui : la planète entière n'est-elle pas notre « maison », constituée par les 8,7 millions d'espèces différentes qui se partagent sa surface ? Dans cette optique, nous formons une seule et même famille, et toutes les espèces sont sœurs. La maison – ou l'« éco » – est un lieu de rencontres, tandis que le « je », en tant qu'entité individuelle – ou ego –, est un état caractérisé par la séparation, l'isolement et la rupture avec autrui. Or, notre âme a soif de rencontres. Elle souffre de l'isolement. Pour y remédier, veillons à nous reconnecter avec le corps terrestre dans l'intimité de notre conscience.

En comprenant que vous êtes un microcosme dans un macrocosme, vous libérerez votre propre identité de ses frontières trop étroites. Au plus près de la conscience universelle, vous vous affranchirez du chagrin, du sentiment d'éclatement, de peur et de séparation qui vous accablaient confusément, sans que vous parveniez à les identifier.

Il nous arrive aussi d'éprouver un tel désespoir devant la dégradation de l'environnement et des conditions de vie sur terre que nous décidons brusquement d'employer toute notre énergie à sauver la planète : nous nous muons en militants de la cause écologiste ou pacifiste, nous manifestons, nous travaillons d'arrache-pied pour préserver les ressources naturelles, au point parfois d'en perdre le sommeil, d'y laisser notre santé, de négliger notre couple et nos enfants, et de sombrer dans la dépression et l'amertume.

Sur ce point également, l'enseignement de la *Gita* nous est précieux : elle nous rappelle qu'il est néfaste d'opérer une hiérarchie et une distinction entre le soin que nous portons à la terre et celui que nous portons à notre âme. Ils sont aussi importants l'un que l'autre. Comme nous l'avons vu plus haut, la *Gita* emploie le terme *tapas* (austérité) pour désigner l'ensemble des pratiques permettant de nourrir notre âme : il s'agit principalement de prendre le temps d'accéder à une forme de pureté intérieure grâce à la méditation, à la spiritualité, à la recherche d'élégance et de simplicité dans notre vie quotidienne. Gandhi n'a cessé de le répéter à ses disciples : « Soyez le changement que vous voulez voir dans le monde. » Tout au long de sa vie, il a professé la nécessité d'établir une continuité entre la théorie et la pratique, entre les mots et les actes. Un beau discours n'a de portée que s'il s'appuie sur des réalisations concrètes. Aussi Gandhi veillait-il à préserver chaque jour le temps nécessaire pour se retrouver en tête-à-tête avec lui-même, pour prier, méditer, étudier, jardiner, cuisiner et tisser. Ces activités comptaient autant à ses yeux que la lutte qu'il menait pour l'indépendance de l'Inde et l'amélioration du sort des intouchables. En agissant ainsi, Gandhi montrait l'exemple : il prouvait chaque jour qu'il est possible d'associer le soin porté au monde extérieur et celui que nous portons à notre monde intérieur. Je reviendrai plus en détail sur l'approche gandhienne dans le troisième chapitre de cet ouvrage, mais je tiens d'ores et déjà à souligner le caractère essentiel du lien qui unit le paysage intérieur d'un individu au paysage extérieur du monde : spiritualité individuelle et pérennité de la nature sont intrinsèquement liées. La réalisation de soi passe par la quête de la compassion, de la vérité et de la beauté. La méditation nous permet de réunir l'écologie intérieure et l'écologie extérieure. C'est une forme de médecine préventive (puisqu'elle permet d'éviter les maladies de l'âme) aussi bien que curative (puisqu'elle aide à guérir les âmes en souffrance).

Le mouvement écologiste actuel emprunte dans son ensemble le même chemin que la science empirique, la pensée rationnelle, la collecte de données et le militantisme politique. C'est bien, mais pas suffisant : nous protégerons d'autant mieux la planète que nous aurons pris soin de notre âme.

Nourrir la société

Notre trinité ne serait pas complète sans la société : il nous incombe d'en prendre soin avec l'attention que nous accordons à l'âme et à la terre. En dépit d'une croissance sans précédent de l'économie et du commerce mondiaux, des progrès constants des sciences et des techniques, près d'un quart de l'humanité demeure mal logée et mal nourrie, tandis qu'un nombre à peu près similaire d'individus mangent avec excès et possèdent plusieurs maisons.

En 1949, Harry Truman, président des États-Unis, prononça, lors de sa seconde investiture, un discours demeuré célèbre. Il déclara que le monde était scindé en deux : d'un côté, les pays « développés », caractérisés par le progrès industriel et technique, le libre-échange et l'agriculture intensive, censés améliorer le niveau de vie de l'ensemble de la population mondiale ; de l'autre, les pays « sous-développés », définis par une multitude de petites exploitations agricoles, une population essentiellement rurale, une prépondérance de l'économie locale et une faible consommation nationale – autant de critères qui les condamnaient, d'après le président Truman, à une pauvreté endémique. La plupart des hommes politiques et des économistes occidentaux se donnèrent alors une nouvelle mission : industrialiser le monde, favoriser la mondialisation et les échanges internationaux afin de résoudre le problème du « sous-développement ».

Prière pour toutes les parties du corps

Puissent nos jambes être fortes et solides,
Nos pieds fouler doucement le sol,
Notre estomac se tapisser de douceur,
Notre ventre se remplir de feu,
Notre cœur se gonfler d'amour.
Puisse notre âme être simple et sereine,
Puisse notre esprit être calme, clair
Et délivré de toute crainte.

Puisse notre bouche inventer des mots doux,
Puissent nos lèvres former de tendres baisers,
Nos yeux percevoir la beauté
Aux quatre coins de l'horizon
Et tout autour de nous.
Puissent nos oreilles entendre des paroles élogieuses
Et la musique du cosmos.
Puissent nos mains se montrer généreuses lorsqu'elles donnent,
Et reconnaissantes lorsqu'elles reçoivent.
Puissent nos bras connaître la joie dans l'étreinte,
Et notre corps tout entier devenir un temple d'amour.

Aujourd'hui, en dépit d'une politique d'industrialisation menée avec constance depuis soixante-dix ans, les populations des pays « sous-développés » sont toujours en souffrance. Même en Chine, en Inde et au Brésil, où les gouvernements successifs, les industriels et les chefs d'entreprise locaux ont sacrifié leur culture et leurs traditions, et détruit les ressources naturelles pour s'engager sur la voie du matérialisme moderne, de l'industrialisation et de la croissance économique, des millions de citoyens vivent sous le seuil de pauvreté. Même dans les régions où le niveau de vie s'est amélioré, où les voitures, les ordinateurs et les autoroutes se sont multipliés, le bien-être, la joie de vivre, la cohésion sociale et la satisfaction professionnelle demeurent des rêves lointains. N'est-ce pas la preuve que la croissance économique et le PIB ne suffisent pas à définir le bonheur ?

Le matérialisme, cette religion moderne, s'est développé en même temps que le militarisme. Les sommes consacrées à l'achat et à la fabrication d'armes nucléaires et conventionnelles à travers le monde ont quadruplé au cours des dernières années sans que la paix ou la sécurité semblent mieux assurées. Sous une forme ou sous une autre, la violence, qu'il s'agisse des guerres « légales » menées par des États constitués, ou des guerres « illégales » menées par des organisations terroristes, continue de ravager de nombreuses parties du globe sans jamais résoudre les conflits qui les ont déclenchées.

Nous ne pouvons plus nous permettre d'être indifférents à la souffrance qui sévit au-delà de nos frontières ; pas plus que nous ne pouvons continuer à consommer les ressources naturelles sans nous interroger sur les conséquences de nos actes. Car le monde a changé, et nous devons changer avec lui.

BARACK OBAMA

L'humanité n'est pas seulement en guerre contre la nature : elle est aussi en guerre contre elle-même. Les pensées de la plupart des industriels et des hommes politiques sont régies par la quête du profit et la soif du pouvoir. Partout, la publicité nourrit le rêve d'une vie reposant sur le confort, le luxe et la consommation à outrance.

Une telle situation n'est guère propice à l'harmonie, à la cohérence et au bien-être. Seul un mouvement social de grande ampleur permettrait d'instaurer la justice, l'égalité, la liberté pour le bien-être de tous. Un tel dessein ne peut être atteint par des manœuvres politiques ou informatiques, aussi ingénieuses soient-elles : il faudra une prise de conscience spirituelle et l'avènement de certitudes nouvelles pour favoriser l'émergence d'un nouvel ordre social, fondé sur la réciprocité et le mutualisme. Nous retrouvons ici le *dana*, ce « devoir de charité » dont parle la *Gita* pour désigner le partage, la générosité, le fait de donner avant de prendre et de surseoir à son intérêt personnel.

La société actuelle accorde pourtant la primauté à l'intérêt personnel, dont elle a fait une valeur essentielle. Dans ces conditions, vous vous demandez peut-être pour quelle raison vous devriez y renoncer. Voici, d'après Vinoba, la réponse que fournit la *Gita* à cette question : « Parce que nous sommes redevables à la société depuis notre naissance. Elle a veillé sur nous dès le premier instant, alors que nous étions totalement vulnérables et sans défense, puis elle nous a élevés – voilà pourquoi nous devons œuvrer pour la société ! »

Nous sommes constamment nourris par la société : elle nous a légué les fleurons de l'architecture – les pyramides d'Égypte, le Taj Mahal, les cathédrales et les grandes mosquées –, mais aussi de magnifiques œuvres littéraires, picturales et musicales. Bouddha, Mahomet, Jésus, Lao-tseu nous ont guidés, et bien d'autres sages nous ont inspirés. Nous bénéficions jour après jour des grandes découvertes philosophiques, scientifiques et technologiques effectuées au fil des siècles. Impossible de dresser la liste des bienfaits que nous avons reçus de nos ancêtres et frères humains : elle s'étirerait à l'infini. Nous sommes constamment nourris par la société. Nourrissons-la en retour en contribuant au développement de la culture et de la civilisation ; veillons à ce que chaque enfant de la grande famille des hommes mange à sa faim, à ce que chaque malade soit soigné, à ce qu'aucune communauté ne soit ravagée par la guerre, la torture ou l'exploitation. Nous n'atteindrons pas ces objectifs en un jour, mais il est essentiel de commencer dès maintenant à œuvrer pour le bien commun en sortant des limites étroites de nos intérêts personnels pour favoriser l'intérêt collectif.

Il n'est pas facile de prôner un tel message à l'heure où de nombreuses et puissantes entités commerciales ou politiques ont tout intérêt à nous détourner de nos actes les plus altruistes pour nous inciter à l'individualisme. C'était déjà le cas au temps de la *Gita* : les forts ont toujours exploité les faibles ; les riches ont toujours régné sur les pauvres ; ceux qui cherchent le pouvoir ont toujours asservi ceux qui n'en avaient pas. « Face à tant d'injustice, luttez et passez à l'action ! » nous conseille la *Gita*.

Gandhi était l'un des plus fervents adeptes des principes énoncés par ce grand texte fondateur. Il a mené une longue bataille contre la colonisation et pour l'indépendance de l'Inde, tout en mettant constamment la non-violence, la quête de vérité et la compassion au cœur de ses actes.

Martin Luther King, Nelson Mandela, Vaclav Havel, mère Teresa, Wangari Maathai : autant de militants qui ont agi dans l'esprit de la *Gita* en mettant leur vie au service du bien commun – autrement dit : en pratiquant le *dana*. Il ne tient qu'à nous de suivre l'exemple de ces hommes et de ces femmes remarquables en luttant pour obtenir davantage de justice sociale et favoriser l'avènement d'un nouvel ordre moral fondé sur la dignité humaine.

La voie de la *Gita* est donc celle du combat – mais un combat spirituel, pacifiste et écologiste. Ses « soldats », que la *Gita* nomme *karma yogi*, sont engagés dans l'action de manière désintéressée : ils luttent pour améliorer le sort des défavorisés et des exclus sans jamais chercher à tirer un bénéfice personnel de leurs actes. Tout comme l'arbre ne mange pas ses propres fruits, tout comme le fleuve ne s'abreuve pas à sa propre source, le *karma yogi*, comme le militant, ne devrait pas attendre une quelconque rétribution de son engagement, mais se mettre entièrement au service d'autrui. Tel est le sens profond du *dana*.

Une trinité porteuse de paix

La trinité de la *Gita* ressemble aux trois pieds d'un tabouret : ôtez-en un et l'équilibre sera rompu. La pratique du *yajna* nous permet de reconstituer les ressources naturelles, celle du *tapas* de nourrir notre âme et celle du *dana* d'exprimer notre gratitude envers la société, mais elles ne s'excluent pas l'une l'autre, au contraire : nous devrions tous pratiquer ces trois sortes d'actions de manière simultanée. Notre vie prendrait tout son sens si nous parvenions à la fois à œuvrer pour la protection de la nature, pour l'édification du moi et pour le rétablissement de la justice sociale. Et ce qui était vrai dans l'antiquité l'est encore aujourd'hui : bien que deux fois millénaire, la trinité de la *Gita* est aussi pertinente à l'heure actuelle qu'à celle de sa création.

Il importe toutefois de garder à l'esprit que cette trinité fondée sur une vision holistique du monde et sur l'interdépendance des êtres qui le peuplent n'est pas la seule manière d'envisager l'existence. Toute théorie se voit limitée par les mots qui servent à l'énoncer : aucune formulation ne peut prétendre être définitive ; aucune déclaration ne recèle la vérité absolue.

Pourtant, nous avons bien souvent tendance à croire le contraire : lequel d'entre nous n'a jamais pensé détenir la vérité parce qu'il avait lu la *Gita*, la Bible, le Coran, les Védas, les écrits de Karl Marx ou d'Adam Smith ? Encore émerveillé par ces révélations, le jeune converti a vite fait de déplorer la surdité de son entourage : « Pourquoi refusent-ils de se rallier à ma cause, puisque c'est la seule qui vaille ? » pense-t-il avec agacement. N'avez-vous jamais, vous aussi, cherché à convertir autrui à « votre » vérité ? Vous avez alors certainement suscité une vague d'hostilité autour de vous. En croyant posséder la vérité, vous avez déclenché la guerre. Vous avez renoncé à une approche spirituelle et plurielle pour une pensée réductrice et exclusive. Or, la vérité que nous puisons dans nos croyances, dans notre éducation, nos lectures ou nos raisonnements doit constamment être renouvelée et actualisée. Tout comme nous devrions cuisiner chaque jour à partir d'ingrédients frais, il faudrait toujours veiller à rafraîchir notre vision du monde en la mesurant à l'aune de notre expérience. Bien que constitués des mêmes éléments de base (du blé, du riz, des légumes), nos repas varient d'un jour à l'autre. Il en va de même pour la vérité. Les éléments qui la constituent sont immuables – l'amour, la compassion, la paix –, mais il est essentiel de les appliquer à chaque situation de manière réceptive, en se gardant de tout préjugé. Nul ne détient le monopole de la vérité. Dès que nous commençons à dire : « Je connais la vérité, vous devez me suivre », nous tombons dans un piège consistant à croire que nous avons raison, là où d'autres ont tort. Or il n'y a pas une vérité, mais plusieurs.

La paix naît toujours d'une manière positive d'envisager le monde. Soyons en paix avec la nature, en paix avec nous-mêmes et en paix avec autrui.

Mais de quelle « paix » parle-t-on ? Ne nous contentons pas d'une vision étriquée de cette notion essentielle. Pour ma part, j'en propose une approche multidimensionnelle – une trinité, elle aussi, issue de la triade « terre, âme, société ». En Inde, nous avons coutume de répéter le mot « paix » à trois reprises : *shanti*, *shanti*, *shanti*. Pourquoi ? Parce que la paix doit se déployer dans trois dimensions pour être complète : il est essentiel de faire la paix avec soi-même, avec les autres et avec la nature. Sans paix intérieure, pas de paix sociale : si notre société était peuplée d'individus dénués de pensées négatives, dotés d'un tempérament calme et serein, elle ne serait pas traversée par des craintes sourdes ou des peurs tenaces, que des partis politiques ou des chefs militaires se font une joie d'attiser pour les focaliser sur un ennemi extérieur, comme c'est le cas actuellement : nous sommes dominés par des peurs multiples parce que nous avons été incapables de combattre nos terreurs personnelles. Certains d'entre nous craignent leurs voisins ; d'autres, les socialistes, les capitalistes, les Noirs, les Blancs, les Hindous, les Musulmans ou les Chrétiens. Nous sommes divisés en autant de groupes qu'il y a de peurs. Rien d'étonnant, dans ces conditions, à ce que nos élections portent au pouvoir des dirigeants qui consacrent une grande partie des ressources mondiales à l'achat de matériel militaire !

Certains d'entre vous peinent peut-être à cerner le lien entre paix personnelle et paix politique, entre paix intérieure et paix mondiale. Pourtant, ces deux notions sont totalement imbriquées l'une dans l'autre. Et il nous incombe d'y travailler simultanément : il serait inefficace d'œuvrer pour la paix dans le monde seulement après avoir atteint un certain degré de paix intérieure. Le désir de paix ne se limite pas à un ailleurs lointain aux contours imprécis. Inutile d'attendre que les hommes politiques changent le monde et nous apportent la paix sur un plateau ! La paix ne sera pas votée au parlement. Londres, Moscou ou Washington ne donneront pas le coup d'envoi d'une ère nouvelle. Tant que nous attendrons du monde qu'il change à notre image, rien ne changera. La peur, la méfiance, l'esprit de compétition et le sentiment d'insécurité que nous percevons chez nos hommes politiques trouvent un écho dans nos propres vies ; ils s'additionnent et forment des peurs partagées, une méfiance généralisée, une désunion et une insécurité nationales qui se traduisent par d'importantes dépenses militaires. La course à l'armement n'est pas près de s'arrêter !

Ainsi, tant que nous ne ferons pas la paix avec nous-mêmes, nous ne serons pas en mesure d'instaurer la paix dans le monde – ni même de comprendre ce que signifie la paix. Nous avons bien souvent une approche unilatérale de ce concept : la plupart d'entre nous estiment que, si tous les chefs de gouvernement se réunissaient pour négocier l'arrêt des conflits armés, alors le monde connaîtrait enfin la paix. Certains militent pour l'abandon des armes nucléaires ; d'autres réclament même une démilitarisation générale, mais leur désir de changement ne va pas plus loin. Peu d'entre nous sont prêts à admettre que la course aux armements plonge ses racines dans nos esprits. Libérons-nous des peurs qui nous hantent et cherchons à atteindre une forme de paix intérieure : nous aurons alors accompli le premier pas vers la paix dans le monde. Car la paix ne se limite pas à l'absence de guerre : c'est avant tout une manière de vivre.

Libérons-nous des peurs qui nous hantent et cherchons à atteindre une forme de paix intérieure : nous aurons alors accompli le premier pas vers la paix dans le monde.

Outre la paix avec soi-même, il me paraît essentiel de faire la paix avec la nature. Il s'agit même d'une condition préalable à l'instauration de la paix dans le monde. Le mouvement pacifiste et le mouvement écologiste ont trop longtemps œuvré chacun de leur côté, comme s'ils n'avaient aucun point commun. L'heure est venue de les fédérer et de créer entre eux des liens puissants. Remercions ici Greenpeace, la seule ONG qui s'attache à souligner l'importance de ce lien. Toutes les associations qui militent en faveur de la paix et de la protection de l'environnement ne devraient-elles pas en faire autant ? Réunir les préoccupations « vertes » (*green*) et la lutte pour la paix (*peace*) relève à mes yeux d'une logique imparable. Les guerres se soldant toujours par un désastre écologique, nul ne peut ignorer l'importance du désarmement à l'échelle mondiale – surtout pas les militants écologistes, qui cherchent à protéger la nature partout où elle est menacée. Or, pour désarmer, il faut mettre un terme au combat effréné auquel se livrent les grandes instances économiques et politiques afin de s'arroger le contrôle des ressources naturelles. Depuis quelques décennies, l'espèce humaine estime avoir le droit d'exploiter, de conquérir et de saccager la planète pour préserver son confort et ses conditions de vie. À nous observer, on croirait notre espèce en guerre contre la nature. Subjugués par la croissance économique, nous en voulons toujours plus. Plus de gisements pétrolifères, par exemple, pour faire rouler plus de voitures et voler plus d'avions afin de gagner plus de temps sur chaque trajet. Qu'en sera-t-il pour nos enfants, nos petits-enfants, nos arrière-petits-enfants ? Peu nous importe. Seuls comptent les avantages que nous pouvons en tirer à court terme. La manière dont nous traitons la terre, les sols, les animaux, les fleuves, l'air, l'eau, les océans, les forêts et les montagnes témoigne de notre profond mépris pour la nature. Nous sommes devenus complètement égocentriques.

Pour faire la paix avec vous-mêmes, avec autrui et avec la nature, commencez par vous interroger sur votre activité professionnelle, sur votre vie quotidienne et sur votre façon de vivre. Quelle sorte de métier exercez-vous ? Il s'agit là d'une question essentielle : nos choix de vie révèlent l'harmonie ou l'absence d'harmonie qui caractérise notre rapport au monde. Difficile d'être en paix avec vous-même et avec ceux qui vous entourent si votre travail vous conduit à polluer la nature ! Mais combien d'entre nous ont choisi un métier absolument inoffensif pour l'environnement ? Combien d'entre nous l'exercent avec joie ? Combien se sentent comblés et satisfaits au plus profond de leur âme par leur activité professionnelle ? Combien d'enseignants se lèvent chaque matin en pensant au bonheur qu'ils auront à transmettre une part d'eux-mêmes à leurs élèves ? Combien de médecins se rendent à l'hôpital en se réjouissant de se consacrer à leurs patients ? Combien d'entre nous aiment réellement leur travail ? Et combien s'en contentent parce qu'ils ont des factures à payer ? Nous vivons pour payer nos factures : y a-t-il pire manière de gâcher sa vie ? Donner un cours, cultiver la terre, faire la cuisine, rédiger un rapport, fabriquer une chaise ou une chaussure peuvent et devraient toujours être une forme d'art doublé d'un acte de dévotion.

C'est hélas de moins en moins le cas : ce type d'emploi créatif, qui nous permet d'atteindre la paix à l'intérieur et à l'extérieur de nous-mêmes, se voit réduit au minimum par le système économique actuel – un système qui s'apparente dans les faits à une économie de guerre. Nos dirigeants jugent nécessaire de s'appuyer sur un pouvoir militaire fort pour protéger leurs marchés en Afrique, en Asie ou en Amérique du Sud. Les Occidentaux dépensent tant d'énergie fossile et de biens de consommation que leur vie quotidienne dépend désormais du pétrole saoudien, du gaz russe, du thé, du tabac, du café et des vêtements importés de Chine et d'ailleurs. Dans ces conditions, nos dirigeants n'ont aucun mal à justifier le financement d'une armée susceptible de nous donner accès à toutes ces ressources, d'autant que l'Europe et les États-Unis ne sont pas les seuls pays à convoiter l'or noir : la Chine en veut sa part. L'Inde aussi. Et ces deux géants refusent d'accepter que les Britanniques, les Français, les Allemands et les Américains accaparent l'ensemble des réserves pétrolières de la planète.

Qu'ils soient communistes, socialistes ou capitalistes, les dirigeants des grandes puissances mondiales se sont unis pour créer cette économie de guerre. Il me paraît donc illusoire de vouloir mettre fin aux conflits armés sans changer de système économique ; sur ce point, la plupart des militants pacifistes se trompent d'objectif. Nous devons transformer l'économie de guerre en économie de paix – autrement dit : œuvrer pour l'instauration d'un système économique mondial basé sur de petites unités de production et sur des échanges commerciaux équitables. Pour ce faire, luttons contre l'exploitation et les situations de monopole qui menacent l'équilibre des pouvoirs. À l'heure actuelle, c'est toujours le partenaire le plus puissant qui empoche les plus gros bénéfices. Chaque fois que les Indiens et les Britanniques, les Algériens et les Français, les Mexicains et les Américains signent un accord commercial, les Américains et les Européens profitent de leur position dominante pour dicter les termes du contrat en leur faveur. Même lors des négociations placées sous l'égide de l'Organisation mondiale du commerce, les pays occidentaux parviennent à leurs fins : ils prétendent respecter l'équité, alors qu'ils détiennent tous les leviers du pouvoir.

Les hommes qui nous gouvernent sont des esprits brillants. Fritz Schumacher répétait souvent que « notre monde est bien trop intelligent pour survivre ». Les grandes orientations politiques et économiques sont prises par des individus qui perçoivent de gros salaires, conduisent de grosses voitures et possèdent de grosses maisons – et qui, tous ensemble, mènent notre planète au bord du gouffre. Pourtant, à ceux qui leur parlent de paix et d'unité, ils répondent : « Vous êtes bien trop naïfs ! Trop idéalistes ! Vos idées sont simplistes. Apprenez à regarder la réalité en face. » Il me semble au contraire que l'heure est venue de donner la parole aux rêveurs, aux naïfs et aux idéalistes. Aujourd'hui, seuls les plus doux et les plus humbles d'entre nous, dépourvus de pouvoir militaire et de puissance économique, peuvent apporter la paix sur terre.

Nos ancêtres ont connu la révolution industrielle. Nous avons assisté à la révolution numérique. Nous avons conquis l'espace et fabriqué des armes nucléaires. Nous avons inondé la planète de biens de consommation. N'est-ce pas suffisant ? Hélas, non. La croissance économique demeure au cœur de nos préoccupations. Le matérialisme domine nos existences. Nous lui consacrons toute notre énergie, toutes nos pensées, tous nos crédits de recherche. Nos gouvernements, nos parlements et nos médias emploient la majeure partie de leur temps à favoriser et promouvoir la croissance économique.

Les pays industrialisés doivent surmonter cette obsession consumériste. Nous vivons confortablement. Admettons-le et mettons un terme à nos désirs de croissance. Sans quoi, nous n'en aurons jamais assez. Et les plus insatiables d'entre nous continueront leur course folle. Pourquoi se limiter, estiment-ils, puisque nous n'avons pas fixé de limites ? Dès l'instant où elles seront fixées, chacun comprendra que la planète nous offre amplement de quoi vivre. Le problème ne réside pas dans la production, mais dans le partage des ressources : si elles étaient mieux réparties, chacun vivrait décemment. Cessons de passer notre temps à résoudre des problèmes économiques : consacrons-nous à promouvoir la paix, en nous et autour de nous. « Quand le ferais-je ? Je n'ai pas le temps ! » me direz-vous. Et pour cause : comme la plupart d'entre nous, vous passez vos journées à poursuivre des objectifs matérialistes. Pourquoi sommes-nous si occupés ? Autrefois, quand la croissance économique était encore faible et les conquêtes matérielles limitées, les hommes avaient le temps de bâtir de splendides églises dans chaque petite ville d'Europe. Où trouvaient-ils la patience et l'énergie nécessaires ? Aujourd'hui, nous courons sans cesse après le temps, et le préfabriqué nous paraît bien plus pratique. Qu'avons-nous fait du temps ? Où s'en est-il allé ?

Il me semble tout aussi essentiel de traquer les pensées négatives : elles constituent à mon sens la cause première des guerres et des conflits qui ravagent la planète. Si l'une des parties envisage la situation sous un jour défavorable, ces pensées négatives ne feront que renforcer celles de la partie adverse. C'est une loi générale, qu'il s'agisse des catholiques et des protestants, des Juifs et des Palestiniens, des Américains et des Russes. Tant que ces pensées négatives occuperont les esprits, la paix n'aura aucune chance de voir le jour. En revanche, si les protestants acceptaient de se mettre à la place des catholiques, si les Juifs se mettaient à la place des Palestiniens, et les Américains à la place des Russes (et vice versa), leurs positions respectives commenceraient peut-être à s'assouplir. Il en va de même pour chacun d'entre nous : quelle que soit notre religion ou notre nationalité, tâchons de nous montrer plus compatissants et positifs. Mettons-nous à la place des autres et admettons que nous formons une seule et même famille – celle de l'espèce humaine.

Certes, me direz-vous, mais comment instaurer ce climat positif en nous-mêmes et autour de nous ? À cette question, je répondrais par une suggestion très simple : efforcez-vous de prier et de méditer chaque jour pendant une minute – une seule petite minute ! – en faveur de la paix dans le monde. Toujours à la même heure, si possible, l'essentiel étant de vous en souvenir et de vous y plier de manière régulière. En Inde, où chacun fait couramment usage des mantras, on a l'habitude d'utiliser certains mots comme une batterie d'énergie spirituelle que l'on recharge chaque jour en concentrant sur eux toute notre attention.

C'est le cas du terme *shanti*, qui désigne la paix, le calme, la sérénité en sanskrit.

Mantra pour la paix

Mène-moi de la mort à la vie,
Du mensonge à la vérité.
Guide-moi du désespoir à l'espoir,
De la crainte à la confiance.
Conduis-moi de la haine vers l'amour,
De la guerre à la paix.
Puisse la paix emplir nos cœurs,
Notre monde, notre univers !
Shanti, shanti, shanti.

Les hommes politiques, les chefs d'entreprise, les fonctionnaires de police et même les militaires devraient réciter ce mantra tous les jours. C'est en le répétant qu'il s'enracinera et pourra germer en nous. Bien sûr, il ne suffit pas de planter une graine dans le sol pour obtenir une plante : il faut aussi s'en occuper et l'arroser. Mais si nous ne plantons rien, il n'y aura rien à arroser ! En nous servant de ce mantra comme d'une prière pour la paix, nous nous offririons chaque jour un moment de calme et de concentration, au cours duquel nous pourrons méditer sur l'état de notre âme, l'état de la société et l'état de l'environnement.

Si des millions d'hommes et de femmes sur la planète commençaient à prier pour la paix en récitant ce mantra, ne pensez-vous pas que le monde en serait changé ? L'atmosphère générale et les pensées que chacun nourrit dans son cœur et dans son âme en seraient modifiées, ne croyez-vous pas ? J'en suis convaincu, la paix ne viendra pas d'une rencontre au sommet entre les présidents des grandes nations. Elle ne pourra naître que d'un changement d'atmosphère, de mode de pensée et d'attitude, en Orient comme en Occident. Et si ce changement advenait, tout se mettrait à changer : les institutions, les gouvernements, les systèmes économiques et politiques. Les hommes et les femmes reprendraient le contrôle de leur vie et la gestion de leurs affaires au niveau local. Des milliers d'initiatives verraient le jour. Et tout cela, parce qu'une méditation quotidienne pour la paix aurait servi de catalyseur ! Une minute par jour me semble être un bon début. Ensuite, vous pourrez éprouver le désir de prolonger la pratique. Elle constituera peu à peu une forme d'entraînement pour votre esprit : grâce à la méditation, vous le guiderez et l'aiderez à se libérer des pensées négatives. Qu'il s'agisse de faire la paix ou la guerre, de louer ou de blâmer, tout commence dans notre esprit. S'il est pur et positif, nos propos seront doux et délicats ; et si nos propos sont affectueux et positifs, nos actes seront empreints de compassion et de bienveillance. Voilà pourquoi je vous suggère de commencer par votre âme : tentez de suivre le cours de vos pensées et d'en analyser la trajectoire. Et pour y parvenir, rien ne vaut la méditation.

Méditer pour guérir

La méditation permet à la fois de guérir les maux de l'âme et de favoriser la paix dans le monde. Son caractère curatif est inscrit dans son étymologie : les mots « méditation » et « médecine » sont issus d'une racine commune : le verbe latin *mederi*, qui signifie « prendre soin » ou « soigner ». Pour prendre soin de notre corps, surtout s'il est affaibli par la maladie, nous nous tournons vers la médecine. Pour prendre soin de notre âme, de notre esprit et de nos émotions, nous devrions nous tourner tout aussi naturellement vers la méditation, cette médecine de l'âme.

Voici les différentes étapes d'une séance de méditation telle que je l'enseigne à mes stagiaires :

- Commencez par vous asseoir confortablement (utilisez un coussin, si nécessaire). Relâchez vos épaules. Détendez l'avant et l'arrière de votre corps. Détendez vos cuisses, vos genoux et vos mollets. Détendez vos pieds. Sentez l'énergie monter le long de votre colonne vertébrale. Relâchez la nuque. Déridez votre front, détendez vos yeux, vos joues, votre menton, vos lèvres, votre langue et vos mâchoires.

Détendez toutes les parties de votre visage et de votre corps. Relâchez toutes les tensions.

- Puis joignez vos paumes l'une contre l'autre près de votre cœur et inclinez-vous devant la beauté de l'univers en songeant que vous êtes un microcosme du macrocosme.
- Posez ensuite vos mains sur vos genoux, paumes vers le haut. Formez un cercle avec l'index et le pouce de chaque main. Ce cercle représente le soleil, la lune et la terre. Il symbolise aussi le cycle du temps et de la vie. Dépliez les trois autres doigts de chaque main. Ensemble, ils représentent conjointement le passé, le présent et l'avenir.
- Savourez le silence et le calme qui vous entourent. Cessez de réfléchir. Appréciez cette parenthèse. Vous vous sentez bien en vous et dans votre environnement immédiat. Oubliez vos soucis, vos pensées, vos projets. Souriez au monde.
- Vous allez maintenant entrer au cœur de la pratique de la pleine conscience : concentrez votre attention sur votre respiration. Observez et constatez ce qui se produit en vous. Murmurez « j'inspire » chaque fois que vous inspirez, et « j'expire » chaque fois que vous expirez. Visualisez le parcours de l'air dans votre corps, à travers votre thorax, votre abdomen, puis vers vos bras et vos jambes. Sentez à quel point l'air nourrit l'ensemble de votre corps.
- Observez le déroulement de chaque inspiration : son début, son milieu et sa fin. Faites de même pour chaque expiration. Puis concentrez-vous sur l'instant où l'inspiration se mue en expiration, et réciproquement.
- Tout en continuant de prêter attention aux différentes étapes de votre respiration, observez les sensations que le passage du souffle éveille dans votre corps. Ces sensations sont partagées par tous les êtres humains à la surface de la terre. Le souffle de vie vous relie à l'humanité tout entière. Prenez conscience de ce lien et de l'unité de toutes les formes de vie, puis reportez votre attention sur votre souffle. Respirez doucement et naturellement.
- Ouvrez maintenant votre esprit à l'ensemble de la nature. L'air qui vous anime et vous relie à l'espèce humaine traverse aussi les plantes, les animaux, les fleuves et les

montagnes. Nous sommes tous liés les uns aux autres. Prenez conscience de ce lien et de l'unité de la vie sur terre, puis reportez votre attention sur votre respiration et souriez.

- Répétez trois fois le son « *om* ». Issu du sanskrit, c'est le mantra par excellence. Inspirez profondément, puis énoncez cette syllabe dans la tonalité qui vous convient, en la prolongeant aussi longtemps que possible. Observez la manière dont le son s'éloigne, se disperse et se répercute dans la pièce, puis revient vers vous. Redites-le en l'emplissant de compassion et de sagesse, et imaginez ce messager atteindre les quatre coins de l'univers. Voyez comme il dispense ses bienfaits à tout ce qui vit sur la Terre – vos amis, bien sûr, mais pas seulement ! Il atteint tous les représentants de l'espèce humaine, animale et végétale. Dans cet instant, vous n'êtes en conflit avec personne. Oubliez vos craintes et vos angoisses. Savourez le calme qui inonde votre esprit. Observez votre respiration et souriez. Laissez vos peurs se dissiper. Vous appartenez à la grande famille de la planète Terre. Vous êtes ici chez vous. Tout se passe bien. Détendez-vous et respirez profondément. Le soleil, la pluie et le sol vous nourriront. Soyez confiants. Observez votre souffle. Inspirez profondément et souriez.
- Emplissez votre cœur de compassion, puis murmurez : « Puisse chaque être vivant connaître la paix et le bonheur ! Que chacun perçoive la beauté qui nous entoure, et que nul ne souffre d'angoisse, de peur ou de maladie. » Sentez votre cœur se gonfler d'amour pour vos prochains, et tout particulièrement pour ceux qui semblent avoir perdu leur chemin. Ils ont besoin de votre compassion.
- Promettez-vous de consacrer votre vie à la quête de vérité, d'amour et de compassion ; de rechercher la beauté, la bonté et l'unité ; de mettre vos pensées, vos propos et vos actes au service du bien commun, dès à présent et dans les années à venir.
- Revenez à votre souffle. Sentez tout votre corps respirer. Souriez. Appréciez ces instants de détente, de calme et

d'immobilité. Laissez votre corps respirer comme il le veut, et souriez.

- Faites-vous la promesse de penser, de parler et d'agir en pleine conscience tout au long de la journée. Énoncez cette promesse à voix basse et pour vous seul. Elle vous aidera à abolir la frontière entre la méditation et la vie. Méditer, c'est observer chaque instant de votre existence afin de le vivre pleinement. C'est un exercice, et surtout une manière de vivre.
- Pour mettre fin à l'exercice, posez vos paumes l'une contre l'autre sur votre front et inclinez-vous devant le caractère sacré de l'univers et de la vie.
- Puis posez vos paumes jointes près de votre cœur et exprimez votre gratitude envers la vie, le soleil qui vous éclaire et vous réchauffe, la pluie qui nourrit le sol, l'amour que vous avez reçu de vos parents et de vos proches. Laissez-vous envahir par ce sentiment de reconnaissance envers vos amis, envers vos ancêtres, envers tous ceux que vous aimez. Envers la terre, l'âme et la société.
- Savourez la joie, le contentement, la satisfaction profonde qui emplissent votre corps et votre esprit.
- Enfin, pressez doucement vos paumes l'une contre l'autre en imaginant que, par ce geste, vous réunissez les contraires : la gauche et la droite, l'obscurité et la lumière, le haut et le bas, le masculin et le féminin, le négatif et le positif. Apparemment opposés, ils se complètent l'un l'autre pour former un tout. Prenez conscience de cette union. Ressentez à quel point tout, sur cette terre, se complète et s'intègre à la vie. Sentez à quel point vous faites partie intégrante de ce tout, puis mettez doucement fin à votre session de méditation.

Ce type d'exercice vous permettra de prendre efficacement soin de votre âme en vous aidant à vous recentrer sur vous-même (la vie et le souffle qui circulent en vous) et sur vos relations avec autrui, de manière à les rendre plus adéquates et plus harmonieuses. Vous pouvez mener une vie heureuse et libre, exempte de peurs et d'angoisse. C'est à votre portée. Il suffit de commencer !

Si chacun de nous se recentrait ainsi, quelques minutes par jour, sur le souffle qui le parcourt et la vie qui l'entoure, si nous nous efforcions de mener une existence joyeuse et sereine, le monde se porterait mieux, j'en suis convaincu. Et la planète entière en serait embellie ! Voilà pourquoi il est si important de vivre, autant que possible, chaque instant de nos journées avec la pleine conscience de nos actes et de notre existence. Nourrie et soignée, notre âme libérera sa beauté intérieure et pourra pleinement savourer la beauté du monde.

Un impératif esthétique

La beauté est la nourriture de l'âme. En ce sens, elle nous est essentielle. Ce n'est pas un luxe réservé à un petit nombre, mais un bien accessible à tous. Le beau ne se limite pas à la joliesse ni aux apparences. Le plaisir qu'il nous procure n'est pas seulement visuel : il comble notre âme. Car la beauté est toujours liée à une justesse de proportions, à un sentiment d'équilibre et d'harmonie qui nous emplissent de joie, d'apaisement et de bien-être.

Face à la beauté, tous nos sens sont mobilisés. Elle nourrit notre corps, notre âme et notre esprit. Elle soigne notre cœur et stimule notre intellect.

J'entre dans la beauté
Devant moi
Derrière moi
Au-dessus de ma tête
Sous mes pieds
La beauté m'environne
Elle est partout en ce monde
Tout est beau
Tout est beau
Tout est beau dans le monde !

INSPIRÉ D'UNE CHANSON NAVAJO

La beauté réside en nous et en dehors de nous. Beauté intérieure et beauté extérieure constituent les deux faces d'une même réalité. Ainsi, c'est en nourrissant des pensées droites et des sentiments altruistes, en tenant des propos bienveillants, en nous montrant humbles et généreux que nous dévoilerons notre beauté intérieure et lui permettrons d'irradier à l'extérieur.

Vérité, beauté et bonté sont étroitement liées. Il n'y a pas de bonté sans beauté, pas de bonté sans vérité. Mais la vérité seule ne suffit pas : elle est trop tranchante, trop âpre, et doit se parer de beaux atours pour être entendue : lorsque nous disons la vérité, nous devrions toujours la formuler en douceur et de belle manière afin de ne heurter personne. Nos actes et nos propos seront d'autant plus appréciables, affectueux et doux qu'ils seront beaux. Ces belles et douces paroles ne seront bonnes que si elles sont aussi empreintes de vérité. Le beau et le vrai vont ensemble, comme l'écrivait le poète John Keats : « Le beau est vrai, le vrai est beau – voilà tout ce que nous savons, et tout ce qu'il y a à savoir sur terre. »

Le grand peintre, architecte et décorateur britannique William Morris conseillait à ses proches de ne « rien avoir chez vous qui ne soit pas utile, ou que vous ne jugez pas beau ». Ce faisant, il relia le beau à l'utile : l'un n'est pas le contraire de l'autre, affirmait-il. Ils doivent coexister au sein d'un même objet. Ma mère allait encore plus loin lorsqu'elle insistait pour que mes sœurs et moi mettions en pratique ce que j'ai appelé la « règle du B. U. D. » : « Tout ce que vous faites devrait être à la fois beau, utile et durable, disait-elle. Le beau seul ne suffit pas. L'utile et le durable non plus. Vous devez atteindre les trois à la fois. »

La consommation et la production de masse ont condamné la beauté à l'exil. L'architecture moderne, résolument utilitaire, a enlaidi nos villes et nos banlieues. Les bâtiments en préfabriqué, les zones industrielles, les immeubles de bureaux, les appartements haut perchés, les hypermarchés et les centres commerciaux ont poussé comme des champignons au mépris des règles ancestrales qui régissaient la beauté des proportions, l'équilibre des formes et des couleurs, l'harmonie des matériaux et le respect de l'échelle humaine. Ce divorce entre le beau et l'utile, entre la fonction et son esthétique, génère des encombrements, de la confusion et des conflits.

L'homme ne sera pas heureux dans sa maison, dans sa ville, dans sa communauté, dans son système économique, dans sa vie entière s'ils sont dépourvus de beauté. Nos architectes et nos urbanistes devraient toujours veiller à ce que leurs projets soient aussi beaux que fonctionnels. Les parcs et les jardins, les arbres et les plans d'eau, les fleurs et les fruits ne devraient pas servir d'accessoires, mais constituer les éléments de base de toute politique de développement ou de rénovation urbaine. En embellissant la ville, ils la rendraient saine, heureuse et harmonieuse. Chaque maison, chaque immeuble de bureaux, chaque centre commercial devrait être bordé d'arbres et de parterres de fleurs. De belles couleurs, de bonnes odeurs, des saveurs délicates et des matières agréables au toucher sont des facteurs de bonne santé physique et morale. C'est que j'appelle « l'impératif esthétique ». La nature et la culture sont des sœurs jumelles. En les séparant, nous les mettons en péril : la nature souffre et la culture dépérit.

William Morris, qui contribua au succès du mouvement *Arts & Crafts* en Angleterre à la fin du XIXe siècle, n'a cessé de vanter les mérites des arts décoratifs et créatifs. D'après lui, bâtir une maison, construire un meuble, fabriquer un pot en terre cuite, peindre une aquarelle, planter des fleurs et des fruits dans un potager nous offrent autant d'occasions de nous muer en alchimistes, de transformer l'ordinaire en extraordinaire. En nous montrant créatifs, nous créons du beau. Nous découvrons l'artiste qui sommeille en nous. N'avons-nous pas tous un potentiel créatif ? Chaque fois que nous renonçons à n'être qu'un consommateur et un acheteur pour fabriquer nous-mêmes un bel objet, nous réveillons l'artiste qui est en nous.

La beauté mène à l'amour – amour des objets simples et élégants, amour que vous éprouvez pour votre maison, pour la nature et pour la vie, pour l'humanité, pour ceux que vous aimez. La danse du paon éveille l'amour dans vos cœurs ; le spectacle d'un cygne plongeant son cou dans l'eau d'un lac vous donne des fourmillements dans la colonne vertébrale, et la vision fugitive d'une biche dans la forêt suscite votre admiration.

De la beauté naît l'amour ; de l'amour naît le désir et l'envie d'être ensemble. Amour et beauté nous donnent tant d'occasions de nous réjouir ! Faisons de la beauté notre instrument de mesure : n'exigeons rien de moins que le beau pour tout ce qui est humain.

Or, le beau, nous l'avons vu, n'est rien sans le bon et l'utile. Il nous faut donc également obéir à un impératif éthique et moral.

Un impératif moral

Prendre soin de la terre, de la nature et de l'environnement est un impératif moral.

Nous savons, ou devrions tous savoir, distinguer le bien du mal. Pourquoi la nécessité de respecter et de protéger la nature ne s'impose-t-elle pas à nous avec la même évidence ? N'est-il pas profondément bon d'honorer la nature, et profondément mal de la dégrader ? Sans aucun doute. Mais à l'heure actuelle, l'esprit humain semble totalement absorbé par un autre impératif : celui de la croissance économique.

Le spectre de la dette publique, du déficit, de la récession et du chômage hante la plupart des pays occidentaux. Dans ce contexte, la protection de l'environnement est perçue comme un luxe réservé aux années fastes. Pour l'heure, les préoccupations écologiques se voient inféodées à l'impératif de croissance économique. Les mesures à prendre en faveur de l'environnement sont constamment repoussées à plus tard. La priorité des hommes politiques, des industriels et des chefs d'entreprise est ailleurs : d'un bout à l'autre du globe, ils souhaitent construire plus d'aéroports, plus d'autoroutes, plus de trains à grande vitesse, plus d'immeubles de bureaux et plus de logements sociaux pour stimuler la croissance. Inutile toutefois d'être un génie pour comprendre qu'il y a une limite au nombre d'aéroports, d'autoroutes et de bureaux susceptibles d'être construits sur l'espace limité des îles britanniques, du continent européen ou américain. La Terre n'est pas extensible !

Que ferons-nous lorsque nous aurons couvert de béton l'ensemble de la planète ? Lorsque nous aurons remplacé toutes les exploitations agricoles par des zones industrielles et des centres commerciaux ? Que ferons-nous lorsque nous aurons abattu toutes les forêts pour construire ces aéroports, ces autoroutes, ces zones urbaines ou même ces fermes industrielles dont on nous vante les mérites ? Tôt ou tard, nous atteindrons un point de saturation. Voilà pourquoi il est grand temps de mettre en place un système économique durable, capable de faire vivre confortablement l'ensemble des habitants de cette planète – et ce, non pas sur une génération, ni sur plusieurs, mais jusqu'à la nuit des temps.

Pour y parvenir, nous devrons remplacer notre économie linéaire par une économie circulaire. Des forêts florissantes et bien entretenues peuvent produire des fruits, du papier et du bois pour l'éternité. Une fois sanctuarisées, les terres arables produiraient des céréales, des légumineuses et des primeurs année après année sans faillir. Si nous exploitions l'énergie inépuisable du soleil, de la pluie et du vent (au lieu de tout miser sur des énergies fossiles appelées à disparaître), nous ne craindrions jamais de voir fondre nos réserves. Si nous revalorisions le travail manuel (au lieu de remplacer l'homme par la machine), nous ne serions jamais à court de bras et de bonnes volontés. Et si nous produisions partout à petite échelle, en veillant à limiter les déchets, nous ferions de cette économie circulaire un véritable cercle vertueux, protecteur de l'environnement et du bien-être de chacun.

Nous ne sommes pas encore arrivés à saturation : l'économie mondiale continue de fonctionner et la terre de nourrir sa population. En revanche, nous traversons une crise morale. L'humanité a perdu son chemin. La solution ne viendra pas d'une utilisation accrue des mêmes paradigmes (plus d'aéroports, d'autoroutes, etc.), ni d'un renforcement des industries déjà dépendantes de l'énergie fossile, mais d'un mouvement général vers un système économique plus écologique et durable, fondé sur des industries à faible émission de carbone. Vue sous cet angle, la protection de l'environnement n'est pas seulement un moteur économique : elle devient un impératif moral. Notre génération n'a pas le droit de s'approprier les arbres, les champs et les poissons des générations futures : il est moralement inacceptable de les priver des ressources naturelles qui garantiraient leur subsistance.

En vertu de quelle éthique nous permettons-nous de remplir les mers de plastique et l'atmosphère de dioxyde de carbone ? Il incombe à chaque génération de transmettre à ses descendants le bien qui lui a été légué par ses ancêtres, et de le transmettre en bon état – voire en meilleur état, si possible. En ce sens, la protection de l'environnement est une responsabilité morale qui doit se perpétuer de génération en génération.

C'est aussi et surtout à mes yeux un impératif moral : nous sommes responsables de l'état de la planète envers nos enfants et nos petits-enfants, certes – mais avant tout envers la planète elle-même. De quel droit portons-nous atteinte à l'intégrité de la biosphère ? L'espèce humaine n'est pas seule sur son territoire : elle doit respecter les droits des autres espèces qui forment avec elle une seule et même communauté, celle des habitants de la planète Terre. Or, le développement exponentiel du secteur industriel et la priorité accordée depuis quelques décennies à la croissance économique mettent en danger l'existence de plusieurs millions de créatures. Appauvrir la biodiversité au nom de l'activité économique et industrielle repose sur une démarche doublement fautive, sur le plan économique et sur le plan moral. C'est aussi simple que ça.

2

Voir le monde dans une fleur de lotus

Bouddha était un guérisseur. Il savait soigner les âmes blessées. Il incitait les personnes souffrantes à ne pas ajouter le désespoir à la douleur. Car, disait-il, celle-ci fait partie de la vie. Seul un corps bien vivant peut éprouver de la douleur. Seul un cœur palpitant peut se serrer de chagrin. Il faut souffrir pour naître à la vie, et souffrir pour mettre un enfant au monde. Nous avons tous souffert de grandir et nous souffrirons tous de vieillir, puis de mourir. Si la douleur physique semble irrémédiablement liée au fait même de vivre, aucun de nous ne parviendra au terme de son existence sans avoir enduré également des souffrances psychologiques, émotionnelles ou spirituelles. Telle est la première des quatre nobles vérités liées à l'existence humaine. Éprouver une douleur ne suffit pas à s'en libérer. En revanche, si vous l'affrontez, si vous apprenez à la connaître et à l'accepter, vous pourrez l'observer avec le recul nécessaire pour lui donner sa juste place. La souffrance fait partie du grand dessein de l'univers.

Qu'il s'agisse de souffrance physique ou psychologique, toute douleur a ses racines. Tentez de les localiser. Souffrez-vous d'un mode de vie contraire aux lois de la nature ? De mauvaises habitudes alimentaires ? D'une angoisse inutile ? Ou d'une colère, d'un attachement ou d'illusions malvenues ? D'où vient votre souffrance ? Méditez sur ses causes. Trouvez-les. Vous ne parviendrez pas à soigner correctement votre douleur si vous n'en connaissez pas l'origine. Telle est la deuxième noble vérité de l'existence.

Il me paraît tout aussi important de garder espoir, même aux heures les plus pénibles. La souffrance croît, puis décroît. Tout ce qui commence est destiné à s'achever. Ayez foi en vous-même. Vous possédez une aptitude innée à gérer la douleur et le chagrin. Votre intelligence, votre créativité et votre ingéniosité sommeillent en vous. En utilisant le pouvoir de votre imagination, en déployant vos nombreuses compétences, vous serez en mesure de surmonter vos difficultés. Vous parviendrez alors à franchir la porte de l'équilibre et de l'éveil spirituel. C'est la troisième Noble Vérité de l'existence : la pensée positive et la confiance peuvent nous permettre de résoudre tous les conflits – qu'ils soient personnels ou interpersonnels – et de favoriser l'harmonie et la paix sociale. C'est en changeant notre attitude intérieure que nous pourrons influer sur notre environnement et notre vie sociale.

Il ne suffit cependant pas d'énoncer des vœux pieux pour mettre fin à nos souffrances : il faut agir concrètement en prenant des initiatives précises dans tous les domaines de notre vie. Rassemblées en huit grandes étapes, elles constituent ce que la doctrine bouddhique appelle le noble sentier octuple, objet de la dernière des quatre nobles vérités.

Les huit étapes du sentier sont les suivantes :

1. La compréhension parfaite

Commencez par vous forger une vision juste de vous-même et du monde. Efforcez-vous de porter en toutes circonstances un regard impartial, neutre et dépourvu de préjugés sur votre personne et votre entourage. Demandez-vous sans cesse si vous êtes motivé par l'amour de la vérité, ou par votre ego et votre intérêt personnel. Si vous vous posez la question honnêtement, vous obtiendrez une réponse honnête, issue du fond de votre cœur.

2. La pensée parfaite

Ensuite, tâchez de mettre vos pensées en accord avec votre vision du monde : une opinion juste et impartiale doit s'accompagner d'une pensée juste et bienveillante, une pensée qui ne cause de tort à personne – ni à vous-mêmes, ni à vos frères humains, ni aux êtres vivants avec lesquels vous partagez la planète. Le bien et le mal peuvent se définir en termes de violence et de non-violence : ce qui est violent est mal, ce qui est non violent est bon. Cette formule bouddhique, applicable en toutes circonstances, vous aidera à faire le tri dans vos pensées. Ce qui est juste et bon est également non violent. Penser de façon parfaite, c'est éviter l'intolérance et les reproches, et faire passer le bien-être d'autrui avant le sien. Ou plutôt, admettre que notre bien-être et celui d'autrui se confondent. Il s'agit là d'une notion plus complexe, apparemment contredite par les circonstances : n'est-il pas courant de constater que notre intérêt personnel va à l'encontre de celui d'autrui ? Chaque fois que nous sommes confrontés à un tel dilemme, nous devrions faire passer l'intérêt d'autrui avant le nôtre. C'est, à mon sens, la meilleure manière de nous libérer de la souffrance émotionnelle et psychologique liée à ce genre de situation. En agissant ainsi, vous éviterez bien des conflits et vous vous mettrez efficacement au service de votre prochain.

3. La parole parfaite

Cette volonté de tolérance et de bienveillance envers autrui vous aidera à employer les mots justes en toutes circonstances : une pensée parfaite génère une parole parfaite. En effet, si vous avez le devoir de dire la vérité, il importe de la dire gentiment et sans violence. Vous vous libérerez d'autant mieux de la souffrance que vous éviterez de blâmer, de condamner ou de déprécier autrui. Car les mots prononcés sous le coup de la colère agissent comme des boomerangs : ils reviendront vous hanter longtemps après que vous les aurez proférés. En outre, vos mots durs ou injustes ne feront qu'accentuer le malaise et l'agressivité de celui auquel vous les aurez destinés, et vous ne recevrez que de la colère en retour. Ne vous préparez pas à vous libérer de la souffrance si vous pratiquez la médisance ou le mensonge : c'est exactement l'inverse qui se produira.

4. L'action parfaite

Efforcez-vous de privilégier la droiture dans tout ce que vous faites. Prenez le temps de réfléchir avant d'agir. Demandez-vous si vous vous apprêtez à accomplir un acte nécessaire et s'il contribuera à votre paix intérieure. Si vous répondez par l'affirmative, alors vous pourrez agir avec l'assurance d'accomplir une action parfaite. Votre bonheur dépend de vos actes. Si vous agissez mal, ne blâmez personne de vos souffrances : vous en serez seul responsable. Agissez toujours en pleine conscience. Et veillez à ce que vos actes vous conduisent sur le chemin de l'harmonie, de la joie et de la sérénité.

5. Les moyens d'existence parfaits

Choisissez, autant que possible, un métier qui vous permettra de gagner votre vie de manière juste – c'est-à-dire sans porter atteinte à autrui ni à la nature. Ne perdez pas votre vie à la gagner : donnez-vous d'autres objectifs. Efforcez-vous d'exercer un métier en accord avec votre moi intérieur, avec votre vocation profonde. Plutôt que de fortune ou de notoriété, rêvez d'épanouissement : tentez de vous accomplir dans votre travail. Au lieu de chercher un emploi, mettez-vous en quête d'un moyen d'existence. Un boulot vous aidera à payer vos factures ; un emploi garnira votre compte en banque – mais cela suffira-t-il à votre bonheur ? Si ce travail, même rémunérateur, vous déplaît, ne cherchez pas ailleurs la cause de votre souffrance. Ayez le courage de vivre simplement, mais dans la joie. Si vous persévérez dans votre désir de gagner plus et de consommer plus, vous vous enfermerez dans une spirale de souffrances et de frustrations. Voilà pourquoi il importe tant de trouver un moyen d'existence parfait : grâce à lui, vous pourrez vous engager dans une vie libérée de toute souffrance.

Ayez le courage de vivre simplement, mais dans la joie.

6. L'effort parfait

Choisissez bien le secteur dans lequel vous travaillez. Aussi attentif, motivé et consciencieux que vous soyez dans votre vie professionnelle, vos efforts seront vains si vous les mettez au service de l'industrie pétrolière, si vous assurez la promotion de produits financiers douteux, si vous participez au développement de semences génétiquement modifiées, ou si vous gérez la production de biens de consommation inutiles ou nocifs. La diligence n'est une vertu que lorsqu'elle est employée dans le bon contexte et pour le bien-être de tous.

7. L'attention parfaite

Il en va de l'attention comme de la diligence au travail. Il ne suffit pas d'agir en pleine conscience pour agir de manière parfaite. Il se peut que vous chassiez, que vous maniez une carabine, que vous achetiez et vendiez avec la pleine conscience de vos actes – mais alors vous saccagez la nature, vous terrorisez les animaux et vous gaspillez les ressources naturelles en pleine conscience, ce qui est pire que tout. Quel sens donner à la belle expression de « pleine conscience » dans un tel contexte ? Exercée à des fins injustes, elle ne vous permettra pas de mettre fin à vos souffrances – bien au contraire ! À chaque étape de votre vie, mobilisez toute votre attention et interrogez-vous sur les conséquences de vos actes : seront-elles négatives ou positives ? Si elles vous paraissent négatives, alors la pleine conscience ne suffit pas ; en revanche, si elles vous semblent bénéfiques, vous saurez que vous aurez fait preuve d'une attention parfaite.

8. La concentration parfaite

Tout comme nos efforts et notre attention peuvent être bons ou mauvais, bénéfiques ou nocifs, la concentration est à double tranchant. Aussi devons-nous constamment nous poser la question de sa finalité. Interrogez-vous avec sincérité : « Est-ce que je me concentre sur de bonnes choses, ou ma concentration est-elle susceptible de causer de la tristesse, de la colère, de l'ennui, de la dépression ou du chagrin ? » Si votre concentration est de nature parfaite, elle s'apparente à une forme de méditation ; et si vous la cultivez de manière à en faire l'une de vos qualités premières, vous pourrez transformer vos activités quotidiennes en pratiques spirituelles, qu'il s'agisse de marcher, de cuisiner, de jardiner, de repriser, de bricoler, d'écrire ou de parler : tous ces actes familiers deviendront sources de joie et de bonheur.

Ces huit pratiques pleines de sens peuvent vous mener vers la cessation de toute souffrance. Sachez cependant que Bouddha ne vous apportera pas le bonheur sur un plateau : vous êtes seul maître de votre destin. En venant au monde, vous avez droit au bonheur, mais c'est un droit qu'il faut mériter et que vous devez prendre en main.

En effet, si vous vous complaisez dans le mensonge et la médisance, si vous parlez mal, si vous agissez mal et mangez mal, si vous exercez une profession peu épanouissante ou susceptible de porter atteinte à autrui et à la nature, comment pouvez-vous espérer être heureux et mettre un terme à vos souffrances ?

Encore une fois, vous ne pouvez compter que sur vous-même pour changer de voie. Efforcez-vous de comprendre, de penser, de parler, d'agir et de gagner votre vie de manière parfaite ; veillez à vivre chaque instant en pleine conscience et à accomplir tous vos gestes de manière attentive et concentrée. Vous parviendrez alors à résoudre les conflits qui vous rongent, à surmonter vos angoisses et à atteindre l'équilibre.

À l'école de la terre

Un matin, alors que Bouddha était assis en position de méditation, jambes croisées, mains posées sur ses genoux, l'un de ses disciples lui soumit la question suivante : « Vous enseignez l'harmonie et la compassion. De qui tenez-vous ce savoir ? »

Sans un mot, Bouddha souleva la main droite (qui reposait sur sa main gauche) et toucha le sol du bout des doigts, puis il demeura immobile dans cette position pendant quelques instants sous le regard de ses disciples. Cette posture prit le nom de *Bhumi Sparshamudra* – la prise du sol à témoin.

Le disciple qui avait posé la question comprit que Bouddha, en touchant le sol, désignait son maître. De ce geste venait son enseignement. Nul n'est aussi patient, aussi résilient, clément et généreux que la terre. Elle accueille, nourrit et abrite toutes les formes de vie. Les hommes ont beau la piétiner, la labourer, la creuser et la couvrir de constructions, elle leur pardonne tout. Plantez une seule graine, la terre vous en rendra dix mille et vous nourrira en abondance ! Observons-la et nous apprendrons à donner sans condition et sans rien attendre en retour.

Ce jour-là, le disciple s'aperçut également que Bouddha avait choisi de s'asseoir sous un arbre pour méditer, et que c'était sous un arbre qu'il avait atteint l'Éveil. L'arbre aussi avait été son maître. La contemplation de cet arbre lui avait permis de comprendre que tous les phénomènes du monde vivant, dont l'arbre offrait une merveilleuse illustration, étaient à la fois transitoires et liés les uns aux autres. Ce faisant, Bouddha comprit également que cette interdépendance permettait au monde d'atteindre l'harmonie et l'équilibre. Le soleil, la pluie et la terre nourrissent l'arbre ; l'arbre nourrit les oiseaux et rend à la terre les nutriments qu'elle lui a donnés en laissant tomber ses feuilles sur le sol. Tous dépendent les uns des autres. Et ce qui est vrai pour l'arbre l'est pour toutes les autres espèces. La vie se perpétue en donnant et en recevant. La nature ne connaît ni l'accumulation ni la possession : tout passe constamment d'un être à l'autre, tout est mouvement. C'est à cette réciprocité et à cette générosité que Bouddha voulait rendre hommage en touchant le sol pour le prendre à témoin.

> Nul n'est aussi patient, aussi résilient, clément et généreux que la terre.

Quelque temps plus tard, alors qu'il venait de s'asseoir près d'un étang pour dispenser son enseignement à ses disciples calmement réunis autour de lui, Bouddha laissa un long silence s'installer, puis il cueillit une fleur de lotus à la surface de l'eau et la tint entre ses doigts en regardant ses disciples dans les yeux l'un après l'autre. Ces derniers lui rendirent son regard avec étonnement, sans comprendre où il voulait en venir. Le silence s'étira pendant de longues minutes. Bouddha tenait toujours la fleur de lotus à la main. L'un des disciples, nommé Ananda, lui offrit soudain un sourire enthousiaste. Visiblement ravi, Bouddha lui sourit en retour, reposa la fleur sur l'étang, se leva et s'éloigna sans un mot.

Stupéfaits, les disciples se tournèrent vers Ananda.

« Que s'est-il passé ? s'écria l'un d'eux. Nous regardions tous Bouddha en nous demandant pourquoi il avait cueilli cette fleur de lotus, et toi, tu lui as souri avec un tel entrain qu'il t'a souri en retour, les yeux brillants de joie. Je t'en prie, Ananda, explique-nous ce qui s'est passé entre vous !

— Quand notre maître a cueilli cette fleur, répondit Ananda, je l'ai d'abord vue telle qu'elle était : une simple fleur, semblable à toutes celles qui jaillissent à la surface de l'eau. Puis, à force de la regarder et de méditer, j'ai aussi vu le soleil, l'eau et la vase dans cette fleur – car, sans eux, elle n'existerait pas. Ensuite, j'y ai vu Bouddha : puisque son enseignement utilisait cette fleur comme véhicule de sa pensée, sans elle, nous n'aurions rien appris aujourd'hui. À cet instant de ma méditation, notre maître et le lotus se sont confondus dans mon esprit. Alors, j'ai vu l'univers tenir tout entier dans cette seule fleur et j'ai commencé à entrevoir le sens profond du terme "codépendance". La vie se manifeste sous une multitude de formes différentes, toutes dépendantes les unes des autres, qui, ensemble, forment un tout. Quand cette vérité s'est faite jour en moi, quand j'ai perçu l'unité de la vie sur terre, je me suis senti inondé de joie et j'ai souri. Je pense que Bouddha a compris ce que je venais de ressentir. Voilà pourquoi il a souri à son tour. »

Les disciples de Bouddha, qui l'avaient écouté avec attention dans un profond silence, commencèrent, eux aussi, à entrevoir la beauté de cette révélation.

Bouddha ne se déplaçait qu'à pied, mais son enseignement franchissait les montagnes, atteignant les régions les plus reculées du pays. Homme de peu de mots, il s'exprimait principalement par gestes, ce qui le rendait accessible au plus grand nombre. Et plus encore que ses gestes, sa manière de vivre, exemplaire à tous points de vue, frappait les esprits. Bien qu'il n'existât, à l'époque, aucun autre moyen de communication que le bouche-à-oreille, des dizaines de milliers d'adeptes venaient l'écouter pour bénéficier de son enseignement et tenter de suivre son exemple. À tous, qu'ils soient puissants ou modestes, illettrés ou érudits, il parlait avec sincérité, puisant la vérité au fond de son cœur.

À la fin de sa vie, l'un de ses disciples lui fit la remarque suivante :

« Maître, vous êtes maintenant au soir de votre vie. J'espère que vous vous réincarnerez encore et toujours sous les mêmes traits afin de demeurer notre professeur vénéré !

— Je ne souhaite pas me réincarner en professeur, répondit Bouddha. Je me réincarnerai en Maitreya, "celui qui aime". Ainsi, je serai présent sous chaque manifestation d'affection ou d'amitié. L'amitié devrait rayonner à chaque instant, entre maîtres et disciples, entre parents et enfants, entre frères et sœurs, entre époux, entre voisins. Même les hommes et les animaux, les oiseaux et les insectes, les fleuves et les forêts devraient se lier d'amitié, s'entraider et vivre en harmonie. »

J'ai toujours été bouleversé par la richesse de cette doctrine. Pas étonnant que les leçons de Bouddha continuent de nous inspirer plus de deux mille six cents ans après sa mort ! Même disparu depuis si longtemps, il loge, bien vivant, au fond de mon cœur. Je me réfère constamment à lui. Car il fut de son vivant l'un des premiers maîtres à expliquer aux hommes comment prendre soin de la terre, de l'âme et de la société.

Mêler l'enseignement à la vie

Contemporain de Bouddha, Mahavira, le fondateur du jaïnisme tel que nous le connaissons aujourd'hui, enseignait lui aussi la compassion et la révérence pour toute forme de vie. Et comme Bouddha, ce grand maître enseignait la nécessité de prendre soin de la terre, de l'âme et de la société.

Né dans une famille jaïne, je suis devenu moine à l'âge de neuf ans. J'ai d'abord eu l'impression d'aller à l'école, même s'il s'agissait d'une école très différente des autres. Pour la définir, je dirais qu'il n'y avait pas de différence entre vivre et apprendre. La formation d'un moine jaïn ne visait pas à accumuler des connaissances pour réussir un examen et trouver un emploi. Elle n'avait qu'un objectif : la libération de l'âme.

Cependant, avant de découvrir en quoi consistait la libération, je devais comprendre à quoi j'étais asservi. Mon professeur se prénommait Tulsi, mais je l'appelais « Gurudev », qui signifie « divin maître ». Ce n'était pas un professeur ordinaire. Je n'étais donc pas destiné à devenir un élève ordinaire, venu quêter des connaissances dans un but ultérieur. Je cherchais à comprendre comment libérer mon âme.

« Avant de découvrir la philosophie, les langues étrangères, la littérature ou tout autre sujet, tu dois apprendre l'humilité, m'expliqua Tulsi. C'est par elle que tu multiplieras tes connaissances, et par tes connaissances que tu gagneras encore en humilité.

— Qu'est-ce que l'humilité ? demandai-je.

— L'humilité consiste à renoncer à tout orgueil, à tout désir d'acquérir un savoir comme s'il s'agissait d'un objet. L'élève plein d'humilité se consacre entièrement à ce qu'il apprend et au professeur qui lui dispense cet enseignement. Un tel engagement nécessite une grande détermination et une concentration absolue. Il faut apprendre par cœur et aiguiser sa mémoire. »

Cette tâche semblait bien imposante pour un petit garçon de neuf ans. Je me rappelle être resté interdit, les yeux écarquillés. Devinant mon trouble, le guru m'avait rassuré.

« Tâche de garder ces mots dans un petit coin de ta tête, mais ne t'en préoccupe pas outre mesure.

— Pourquoi dit-on ici qu'il faut joindre l'enseignement à la vie ? » demandai-je.

Pour me répondre, Tulsi me raconta une histoire tirée du *Mahabharata*, le grand poème épique rédigé en Inde au début de l'ère chrétienne. Il s'agissait de l'épisode au cours duquel le jeune Yudhisthira, l'aîné des cinq frères Pandava (les « bons » héros de l'épopée), se mit en devoir d'apprendre le sanskrit à l'aide d'un professeur particulier. Le premier jour, le professeur lui donna trois lignes de sanskrit à apprendre par cœur pour le lendemain :

Satyam vad : Dis la vérité.
Dharmam char : Suis le bon chemin.
Krodham ma kuru : Ne te mets pas en colère.

Le lendemain matin, Yudhisthira se présenta devant son maître à l'heure convenue pour la leçon.

« As-tu appris les trois lignes que je t'ai données hier ? demanda le professeur.

— Maître, j'ai appris les deux premières lignes, mais pas la troisième, répondit Yudhisthira. Pourriez-vous m'accorder un jour de plus ? Je ferai tout mon possible pour l'apprendre.

— En voilà un élève borné ! s'exclama le professeur, une pointe de colère dans la voix. Je te trouve bien paresseux, mon garçon ! »

Il accepta cependant de lui donner un jour de plus pour apprendre intégralement sa leçon.

Le lendemain, Yudhisthira se présenta devant lui d'un air penaud.

« Que se passe-t-il, mon garçon ? demanda le professeur. Approche donc ! As-tu appris ta leçon ?

— Je suis désolé, maître. Je ne suis vraiment pas rapide. Je ne parviens toujours pas à mémoriser la troisième ligne.

— Toujours pas ? Comment est-ce possible ? Je n'ai jamais vu un élève aussi stupide ! s'écria le maître, et il frappa Yudhisthira sur le coin du crâne.

— Maître, maître ! J'ai appris ma leçon. Je la sais, à présent. "*Krodham ma kuru* – Ne te mets pas en colère", récita-t-il. C'est bien la troisième ligne, n'est-ce pas ? J'ai enfin réussi à l'apprendre ! »

Le professeur lui lança un regard étonné.

« Tu sais donc ta leçon, maintenant ? Il y a quelques secondes, tu m'as dit que tu ne la savais pas, et maintenant, tu la sais ? Que s'est-il passé ?

— Maître, bien que vous vous soyez emporté contre moi, je ne me suis pas mis en colère. J'avais donc appris ma leçon sans le savoir ! »

Dans ce cas précis, ai-je pensé, le jeune garçon est un bon élève, mais son maître n'est pas un très bon professeur. Par chance, Tulsi, mon guru, incarnait à la perfection l'alliance de la théorie et de la pratique : en me racontant les démêlés de Yudhisthira avec son professeur de sanskrit, il m'indiquait la voie à suivre. J'étais venu pour apprendre le sens profond du *dharma*, et c'est ce que je fis, jour après jour, à son côté.

« Si tu comprends le sens du *dharma*, tu comprendras le sens de la vie », me répétait Tulsi.

Je découvris alors que le sens profond du mot « *dharma* », comme celui de « *tao* », échappait à toute définition : impossible de le mettre en mot ou de le désigner par d'autres notions similaires. Pour comprendre de quoi il s'agissait, je devais en faire l'expérience et la ressentir au plus profond de mon âme. Aujourd'hui, l'âge et l'expérience venant, je dirais que le *dharma* représente notre vraie nature, ce que nous sommes réellement. À nous de la découvrir afin de vivre en accord avec elle, et surtout, d'être réellement nous-mêmes. Qui suis-je ? Pourquoi suis-je ici ? De quelle manière devrais-je vivre pour être fidèle à ce que je suis réellement ? Telles sont les questions que vous devez vous poser pour tenter de pratiquer le *dharma*.

Pour les jaïns, l'homme est un être physique autant qu'un être spirituel. Son corps est l'incarnation de son âme sur terre. Or, s'il est aisé de percevoir la réalité physique de chacun, il en va autrement de la réalité spirituelle, celle de l'âme, celle de l'esprit – ce que Tulsi nommait « *atman* ».

Chacun de nous le pressent de manière instinctive : tout être vivant aspire à la vie et aucun ne souhaite mourir. C'est une des lois fondamentales de l'univers. Dès lors, tuer, anéantir ou s'en prendre à la vie, quelle qu'elle soit, est contraire au *dharma* ; inversement, veiller sur la vie et la protéger est une forme de *dharma*. Au quotidien, cette règle essentielle se traduit par la non-violence – ou, selon la terminologue jaïne, par l'*ahimsa*, le respect absolu de l'intégrité physique de tout être vivant, qu'il s'agisse de soi-même, d'autrui, d'un animal, d'une plante, d'un insecte ou même d'un fleuve ou d'un océan.

Bien qu'il soit impossible de mener une vie totalement dénuée de violence, les jaïns s'efforcent d'en minimiser l'usage dans leurs gestes quotidiens et d'accroître leur capacité d'empathie de jour en jour, d'heure en heure, voire de minute en minute.

Au monastère, mon guru accordait tant d'importance à cette pratique qu'il me demandait chaque matin si j'avais développé ma compassion. Je n'avais que neuf ou dix ans, à l'époque. Déconcerté, je ne savais que répondre.

« Tu dois nager dans un océan de compassion, insistait-il. Un océan ! La compassion n'a pas de limites. »

Après avoir longuement réfléchi, je m'enhardis à lui faire la remarque suivante :

« Les gros poissons mangent les petits ; les gros animaux mangent aussi les plus petits qu'eux. Il me semble que la violence fait partie intégrante de la nature. Et que la non-violence parfaite n'existe pas.

— C'est un bon argument, répondit Tulsi. Mais n'oublie pas que les animaux, lorsqu'ils ont recours à la violence, le font généralement pour assurer leur subsistance. Il est rare qu'ils se montrent violents sans raison ou de manière gratuite. Les hommes, eux, peuvent se complaire dans la violence : ils fabriquent des armes et des bombes de plus en plus sophistiquées, ils cherchent à dominer et à exploiter, ils cultivent la cruauté et veulent à tout prix exercer leur pouvoir sur autrui. Bien qu'inhérentes à l'espèce humaine, ces tendances doivent être réprimées. Si la colère et l'égoïsme font partie de notre nature, il en va de même pour la compassion et la bonté. Arrachons donc les mauvaises herbes de la colère et de l'orgueil, et cultivons, au jardin de notre conscience, les fleurs de la compassion et de la bonté. »

Dès mon arrivée au monastère, on m'avait donné un plumeau de laine avec lequel je devais balayer le sol avant de m'asseoir, afin de ne pas écraser les fourmis qui pouvaient se trouver là. Par la suite, les moines m'incitèrent à l'emporter partout avec moi : j'appris à balayer le sol devant moi avant de le fouler, surtout la nuit, pour ne pas risquer de tuer le moindre insecte.

Bien que végétarien depuis ma naissance, comme tous les jaïns, je m'interrogeais sur notre mode d'alimentation, qui me paraissait incompatible avec la non-violence.

« Vous m'avez appris que même les fleurs, les légumes, les herbes et les céréales ont une âme, dis-je un jour à Tulsi. Or, nous en mangeons tous les jours. Nous portons donc atteinte à des êtres vivants pour nous nourrir. Voilà qui n'est pas de la non-violence !

— Tu as raison, répondit-il. Les plantes sont vivantes. Toutefois, notre pratique de la non-violence nous invite à protéger en priorité les créatures douées de cinq sens, telles que les êtres humains et les mammifères. Si tous les hommes respectaient ce vœu, ils cesseraient de s'entretuer et de tuer les autres mammifères. En second lieu, nous nous efforçons de protéger les créatures douées de quatre, de trois, puis de deux sens. D'après la doctrine jaïne, les plantes et les végétaux ne possèdent qu'un seul sens. L'homme ne pouvant survivre sans se nourrir, n'est-il pas préférable d'ôter la vie à la forme la plus simple qui soit ? Voilà pourquoi nous nous permettons de porter atteinte à la vie végétale, et à elle seule. C'est ce que nous appelons la réduction progressive de la violence. Tu comprends ? »

Je hochai la tête. Il m'observa un instant, puis poursuivit son raisonnement.

« L'espèce humaine a évolué de telle façon qu'elle est capable d'établir une distinction entre les créatures douées d'un, de deux, de trois, de quatre et de cinq sens. Partant de là, elle est également capable d'éprouver de la compassion envers toutes les créatures sensibles. Or, c'est dans cette compassion que tu trouveras le moyen de te libérer de ton attachement à ton propre corps – un attachement qui se forme toujours au détriment du corps des autres. La compassion est une clé. Elle nous permet également de nous libérer du désir de contrôler, de dominer et d'exploiter autrui pour satisfaire nos intérêts personnels. »

Minimiser progressivement la violence et maximiser la compassion nous conduit vers une vie placée sous le règne de l'autodiscipline et de l'ascétisme. Si la non-violence et la compassion constituent les principes fondateurs du *dharma*, l'autodiscipline est le deuxième.

« Le sentier qui mène à une vie libérée de toute peur, de toute colère et de tout attachement passe par l'autodiscipline et l'ascétisme, qui sont eux-mêmes sources de grande satisfaction. La non-violence nécessite une grande discipline », conclut Tulsi.

En entrant au monastère, j'avais été invité à me séparer de mes rares possessions pour ne garder que le strict minimum : un seul change de vêtements et quelques livres – pas plus que je ne pouvais en porter sur mon dos. Il s'agissait surtout de textes religieux recopiés à la main et résumant les idées essentielles de Mahavira : appelés « sutras », ils constituaient le cœur de la doctrine jaïne. J'appris la plupart d'entre eux par cœur et pris l'habitude de les réciter vers 22 heures, avant d'aller me coucher. Comme les autres moines, je ne prenais qu'un repas par jour. Réveillé à 4 heures, je commençais par réciter les sutras que j'avais mémorisés la veille, puis je me plongeais dans les manuscrits pour apprendre d'autres sutras et réviser ceux que je ne savais pas encore sur le bout des doigts. Gurudev insistait beaucoup sur cet effort de mémoire, essentiel à ses yeux.

« Les connaissances que tu gardes en mémoire sont comme des pièces de monnaie au fond de ta poche : tu peux t'en servir à tout moment, affirmait-il. En les apprenant, tu les intègres à ta personne. Ce ne sont plus seulement des informations entrevues dans un livre, mais des petites parties de toi. Elles se mêlent à ton sang et à tes os, elles se glissent au fond de ta conscience – et tant mieux ! Car c'est le seul moyen de comprendre leur essence même. Le mot "sutra" désigne à la fois un fil et un texte religieux. Tout comme une aiguille munie d'un fil se perd moins facilement qu'une aiguille sans fil, ton esprit se perdra moins fréquemment dans le dédale des attirances, des désirs et des passions s'il est tissé de textes religieux. »

J'ai donc appris par cœur dix mille vers de sutras jaïns au cours des neuf années que j'ai passées au monastère. Je les récitais chaque soir après le coucher du soleil, puis de nouveau avant de m'endormir, et à l'aube en me réveillant. Contrairement aux biens matériels, dont je devais apprendre à me détacher, j'étais invité à faire un usage illimité de la compassion et à acquérir à profusion la connaissance dispensée par les sutras.

« Pourquoi insistons-nous sur la pratique de l'autodiscipline ? disait Tulsi. Parce que la consommation débridée résulte d'un appétit de possession qui mène à l'angoisse et à la crainte de la perte, tout en privant autrui des ressources qui lui sont nécessaires. Il ne peut y avoir de justice sans autodiscipline : si nous consentions tous à refréner nos appétits, la société serait plus juste. Les hommes, ou plutôt l'ensemble des êtres vivants, ne sont-ils pas égaux entre eux ? Pourquoi vouloir accumuler et posséder plus qu'il n'en faut pour vivre ? Apprenons à faire la différence entre nos besoins et nos envies. Ainsi, nous ne risquerons pas de susciter la rancœur et la jalousie de ceux qui pourraient s'estimer lésés par notre bonne fortune. »

Tout en m'entraînant à restreindre au maximum l'usage de la violence et à refréner mes désirs, j'appris également à nourrir mon âme, répondant ainsi au troisième grand principe du *dharma*. Chacun de nous se trouve au centre de son propre univers. L'univers lui-même reflète ce que nous sommes et la manière dont nous le percevons. Dans ce contexte, il semble essentiel de procéder à un véritable travail sur soi : c'est en cherchant à développer, à dévoiler et à identifier les qualités propres à notre âme que nous parviendrons à la libérer des pulsions et des désirs qui l'asservissent. Entré au monastère à neuf ans, j'en suis parti neuf ans plus tard, à dix-huit ans. Outre la pratique rigoureuse de la non-violence et de l'ascétisme, je me suis appliqué, tout au long de cette période, à nourrir mon âme pour favoriser l'éclosion de ses plus belles qualités. Concrètement, ce « soin de l'âme » se traduisait par de fréquentes séances de méditation, par une journée de silence absolu par semaine, par un jeûne complet une fois par mois et par de longs moments de solitude en pleine nature, debout face aux éléments, immobile et silencieux.

> L'univers reflète ce que nous sommes et la manière dont nous le percevons.

« Le monde est constitué de millions d'individus, qu'il s'agisse d'hommes et de femmes, d'animaux, de fleuves, d'arbres ou de fleurs. Par conséquent, chaque fois que nous prenons soin d'un individu, nous prenons soin du monde entier, affirmait Tulsi. Voilà pourquoi il est aussi important de s'occuper de soi que de veiller sur autrui. Vous êtes à la fois votre lumière et vos ténèbres, votre meilleur ami et votre pire ennemi. Votre libération ne peut venir que de vous-mêmes, par vous-mêmes. Vous recevrez de l'aide, bien sûr – de vos proches, de vos amis, de moi –, mais notre aide ne sera efficace que si vous vous aidez vous-mêmes. »

Pour nous aider à saisir son propos, Gurudev faisait alors l'analogie suivante :

« Imaginez-vous à table, assis près d'un ami. Il aura beau vider une assiette bien garnie, il ne remplira pas votre estomac. Vous devez manger vous aussi pour nourrir votre corps. Il en va de même pour votre âme : vous devez agir pour la nourrir. Au cours de votre vie, votre âme empruntera sans doute un parcours semé d'embûches : vous connaîtrez des périodes d'intenses bouleversements émotionnels ou psychologiques, des phases de doute et d'abattement. Surtout, ne renoncez pas. Poursuivez votre chemin contre vents et marées. Dites-vous que d'autres avant vous sont passés par là et qu'ils ont tiré profit de ces mêmes épreuves pour atteindre un état de libération et d'éveil, une forme d'équilibre intérieur qui leur permet d'aborder avec une égale sérénité les moments de peine et les moments de joie. Pour eux, douleur et plaisir, pertes et gains se succèdent et se complètent harmonieusement. Vous parviendrez vous aussi à cet équilibre à l'issue de votre apprentissage, de votre parcours de vie et des épreuves qui l'auront jalonnée. »

Avec l'aide de Tulsi, j'ai donc emprunté la voie du *dharma* : j'ai consacré mes années d'adolescence à pratiquer la non-violence pour le bien de la terre, l'ascétisme pour le bien de la société, et la méditation pour le bien de mon âme.

Au cours de mes premières semaines au monastère, après m'avoir longuement expliqué le sens du *dharma*, Gurudev conclut sa leçon par des mots qui résonnent encore à ma mémoire :

« Les trois principes que je t'ai enseignés ne doivent pas être conçus comme des dogmes. Pour les jaïns, la vérité n'est pas unique, mais multiple. Elle est aussi fluide qu'un filet d'eau, aussi invisible qu'un souffle d'air. Tu dois donc apprendre à vivre dans l'ambiguïté. Apprécie l'incertitude, sois souple, garde l'esprit ouvert. Tu n'es pas venu ici pour courir après un objectif précis, fixé à l'avance par d'autres que toi. Chacun de nous doit trouver sa propre libération, qui échappe à toute description, à toute définition, à toute règle. Cette libération t'amènera à te libérer des idées préconçues sur la libération elle-même. Sois attentif, vigilant et curieux. Efforce-toi d'échapper aux théories intellectuelles. Tu ne sauras peut-être même pas que tu es libre le jour où tu atteindras la libération ! »

La pensée s'exprime en mots,
Les mots s'expriment en actes,
Les actes se muent en habitudes,
Et les habitudes en traits de caractère.
Veillez donc avec soin sur vos pensées,
Ses expressions et ses mutations.
Puissent-elles jaillir d'un amour infini
Pour toutes les créatures terrestres.

Bouddha

3

Soyez le changement !

J'ai évoqué au cours du chapitre précédent les deux doctrines millénaires sur lesquelles je me suis appuyé pour forger la trilogie « terre, âme, société ». J'évoquerai à présent la figure du Mahatma Gandhi, qui incarna, sa vie durant, le respect et la protection de ces trois valeurs fondamentales.

Gandhi a joué un rôle essentiel dans mon existence. Quand j'étais moine, quelqu'un m'a secrètement fait passer son autobiographie[1], dont la lecture m'a bouleversé. Le Mahatma défendait une vision séculaire de la religion qui m'a durablement marqué. Nul besoin de renoncer au monde pour mener une vie religieuse, affirmait-il. La spiritualité n'est pas réservée aux moines : elle peut se pratiquer en tout lieu et à tout moment – en famille, dans le milieu des affaires et de la politique, en ville comme à la campagne.

De Gandhi, j'appris également que la qualité de nos actes est déterminée par la motivation qui les sous-tend. Si vous faites de la politique par goût du pouvoir, de la notoriété ou de l'argent, vous défendrez des mesures arrogantes et matérialistes ; en revanche, si vous briguez un mandat pour vous mettre au service de la société, contribuer à préserver l'environnement ou nourrir votre âme, vous mènerez une quête spirituelle qui vous conduira vers votre propre libération et celle d'autrui. C'est cette conviction, fermement défendue par Gandhi,

1. *Autobiographie ou Mes expériences de vérité*, Gandhi, traduit d'après l'édition anglaise par George Belmont, Presses universitaires de France, Paris, 2012 (1e éd. 1931).

qui m'a incité à quitter le monastère et à rompre mes vœux de moine jaïn, ainsi que je l'ai raconté bien plus tard dans mon autobiographie, *No Destination*[1].

Comme je désirais en savoir plus sur les idées et la manière de vivre du Mahatma, la « grande âme » de l'Inde, assassiné en 1948, je résolus de me joindre à la petite communauté gandhienne installée à Bodhgaya, non loin de l'arbre deux fois millénaire sous lequel Bouddha avait atteint l'Éveil. C'est là, dans l'ashram fondé par Vinoba Bhave, que j'ai lu *Sarvodaya*[2], l'adaptation par Gandhi d'*Il n'y a de richesse que la vie*[3], une série d'articles de John Ruskin sur l'économie parue en 1860. Profondément marqué par cette lecture, Gandhi avait décidé de traduire l'ouvrage en gujarati et forgé à cette occasion un terme nouveau : « *Sarvodaya* » – le bien-être pour tous. Ce néologisme servit de titre à sa traduction, avant de devenir le fer de lance de sa propre philosophie.

Nous étions en 1956. J'avais vingt ans. L'Inde, qui avait accédé à l'Indépendance en 1947, était alors une jeune nation en pleine effervescence. Sur quelle voie devait-on s'engager ? Quelle politique adopter ? Les débats faisaient rage d'un bout à l'autre du pays. Certains souhaitaient embrasser le communisme : la montée en puissance de l'Union soviétique et de la Chine forçait l'admiration des jeunes activistes radicaux, qui rêvaient pour l'Inde d'un destin similaire. D'autres militaient pour la libre entreprise : épris du modèle américain, ils aspiraient à une version indienne du capitalisme industriel. Quant aux sociaux-démocrates, ils professaient les vertus d'une économie mixte en prenant le meilleur des théories de Karl Marx et d'Adam Smith.

Aucune de ces doctrines n'avait séduit Gandhi. Parce qu'il voyait le monde de manière très différente, il avait vite perçu le caractère spécieux, unilatéral et utilitaire des théories socialistes, communistes et capitalistes. Dans le fond, elles ne différaient guère les unes des autres : toutes visaient à exploiter

1. Paru en 1990, cet ouvrage n'est pas traduit en français.
2. Paru en 1908, cet ouvrage de Gandhi a été traduit en anglais par Bharatan Kumarappa sous le titre *Sarvodaya : The Welfare of All*. Il n'est pas traduit en français.
3. Traduit par P. Thiesset et Q. Thomasset, Le Pas de côté, Vierzon, 2012.

et à assujettir la nature au seul profit de l'espèce humaine. Et aucune ne cherchait à appréhender le monde dans sa globalité. En créant le mouvement Sarvodaya, Gandhi proposait, lui, un système radicalement nouveau, qui incitait les hommes à minimiser leurs besoins matériels tout en cultivant des valeurs et des projets spirituels, culturels et artistiques afin de maximiser leur qualité de vie.

Le terme « *sarvodaya* » se compose de la racine « *sarva* », qui signifie « tous » (au sens de tous les êtres sensibles), et de « *udaya* », qui désigne l'élévation ou l'amélioration. Accolés l'un à l'autre, ils désignent la notion de « bien-être pour tous », essentielle à la philosophie gandhienne. Le mouvement Sarvodaya s'adresse à toute forme de vie sans en exclure aucune : il accorde une valeur intrinsèque à l'ensemble des créatures et des éléments terrestres – hommes, animaux, insectes, plantes, forêts, montagnes, fleuves et rivières. Perçue comme égale aux autres, l'espèce humaine ne peut s'arroger le droit d'exploiter la nature. Elle doit au contraire recevoir ses dons avec humilité et gratitude, et veiller à restituer ce qu'elle lui prend pour satisfaire ses besoins vitaux. D'après Gandhi, « il y a assez de tout dans le monde pour répondre aux besoins de l'homme, mais pas assez pour assouvir son avidité ».

Dans les années 1920 et 1930, lorsque Gandhi écrivait ses ouvrages les plus importants, rares étaient les hommes qui se souciaient d'écologie et militaient pour la protection de la nature. Bien que le Mahatma lui-même ne se soit jamais qualifié d'écologiste, la notion de *sarvodaya* révèle son vif désir de promouvoir le respect de la terre, la révérence pour la vie et le caractère fondamental de notre relation avec l'air, l'eau et le sol.

Sa vision de la non-violence était en parfaite adéquation avec la conception qu'en avait la communauté jaïne à laquelle j'avais appartenu. Aussi l'avais-je adoptée sans difficulté, m'appliquant à restreindre au maximum mon usage de la violence envers moi-même, envers autrui et envers la nature, ainsi que le professait Gandhi. Car la non-violence ne consiste pas seulement, comme beaucoup l'imaginent encore, à respecter la vie humaine, à éviter les conflits et à militer contre l'éventualité d'une guerre : sa définition comme sa pratique sont bien plus larges. Gandhi savait que l'homme est insatiable. Il pressentait que les ressources limitées de notre planète ne suffiraient pas à satisfaire la cupidité d'une population en constante augmentation.

Lorsque le Mahatma évoque l'autodiscipline et la modération, il ne nous invite pas à nous priver de tout et à vivre dans la misère, mais à poser une limite à nos désirs ; à admettre que d'autres espèces ont aussi besoin d'espace, de nourriture, d'eau et de végétaux. Les hommes n'ont pas le droit de confisquer la part qui revient aux autres êtres vivants. S'il était mis en pratique d'un bout à l'autre du globe, ce principe tout simple permettrait à l'humanité de vivre dans la joie, l'élégance et la sobriété.

Le mouvement Sarvodaya n'accorde pas la primauté à l'homme sur les autres espèces vivantes. Pour Gandhi, l'homme ne leur est pas supérieur. Il faut respecter la vie humaine, certes, mais ni plus ni moins que celle des autres créatures terrestres. Ainsi, celui qui désire manger un fruit accordera beaucoup d'attention aux arbres du verger, celui qui souhaite s'abreuver se réjouira de la présence d'une fontaine, et celui qui veut jouir du théâtre et de la poésie trouvera satisfaction dans Shakespeare. La notion de *sarvodaya* permet d'établir la place et la fonction de chaque élément dans l'univers, et d'offrir à chacun le respect qu'il mérite. Lorsque nous avons faim, nous nous dirigeons vers le fourneau, mais quand vient l'heure du coucher, c'est un lit qu'il nous faut : l'importance de chaque meuble de la maison varie en fonction de l'heure de la journée. Il n'y a pas de hiérarchie entre eux. De même, la notion de *sarvodaya* n'établit pas de hiérarchie entre les espèces. Chacune d'elles a son rôle à jouer, et toutes dépendent les unes des autres. En s'arrogeant une position dominante, l'espèce humaine ne se contente pas d'exploiter la nature : elle rejette ses déchets dans l'atmosphère, dans l'eau et sous la terre, ce qui réchauffe le climat, pollue les fleuves et les océans, érode et contamine les sols. Il est grand temps d'inverser le processus : au lieu de saccager son environnement, l'homme doit veiller à la bonne santé des sols, des eaux et de l'air. Sa propre santé et son bien-être en dépendent.

Il est intéressant de constater que le Mahatma Gandhi et Albert Einstein partageaient des idéaux similaires. Dans une lettre adressée à un rabbin, Einstein soutenait l'idée suivante :

« Chaque être humain est une partie de la totalité que nous appelons "univers", une partie limitée dans le temps et dans l'espace. Sous l'effet d'une sorte d'illusion d'optique de sa conscience, il fait l'expérience de lui-même, de ses pensées et de ses sentiments comme d'une entité séparée du reste du monde. Cette illusion est une sorte de prison : elle restreint nos désirs à nos envies personnelles, et notre affection aux quelques personnes qui nous entourent. Nous devons nous libérer de cette prison en élargissant notre capacité d'empathie à tous les êtres vivants, de manière à embrasser l'ensemble de la nature dans sa grande beauté. Nul n'est capable d'atteindre un tel accomplissement, mais le seul fait de tendre vers lui constitue une partie de notre libération et un gage de sécurité intérieure[1]. »

Gandhi et Einstein avaient beaucoup d'admiration l'un pour l'autre, ce qui n'a rien d'étonnant. On le devine à la lecture de cette citation : ils étaient tous deux convaincus de la puissance du lien qui unit entre elles toutes les formes de vie sur terre.

Si le bien-être de tous (*sarvodaya*) constitue pour la société des hommes l'idéal à atteindre, l'autogouvernance (*swaraj*) est le meilleur moyen politique d'y parvenir. C'est ce que soutint Gandhi dès 1909 dans son ouvrage *Hind Swaraj*[2], vite interdit à Bombay par les autorités britanniques. Le Mahatma n'était ni un pur idéaliste ni un philosophe de salon : c'était un homme d'action, pragmatique et déterminé. Pour lui, un idéal ne valait la peine d'être défendu que s'il pouvait être mis en pratique.

Le terme hindi « *swaraj* » est formé de l'adjectif réfléchi « *sva* » (« son propre ») et du verbe « *raj* », qui signifie « briller » ou « régner ». Autrement dit : c'est être à soi-même son propre souverain, mais aussi faire briller son âme et être une âme qui brille. D'après le Pr Makarand Paranjape, grand érudit et enseignant à l'université de New Delhi, « il ne serait pas impropre d'établir un parallèle entre le *swaraj* et l'éveil ou l'édification ». En ce sens, l'indépendance politique est une forme d'autogouvernance.

1. Cité par John Kabat-Zinn dans *Au cœur de la tourmente, la pleine conscience*, traduit de l'anglais par Claude Maskens, J'ai Lu, Paris, 2012 (1re éd. De Boeck, 2009).

2. *Hind Swaraj – L'émancipation à l'indienne*, de Gandhi, traduit du gujarati, de l'anglais et du hindi par Annie Montaut, Fayard, Paris, 2014.

Citons ici une description de la société future telle que la concevait Gandhi dans son hebdomadaire *Harijan*, daté du 22 juillet 1946 :

« La vie n'est pas une pyramide dont le sommet est soutenu par la base. La vie est le cercle océanique au centre duquel se trouve l'individu, toujours prêt à donner sa vie pour le village, ce dernier étant prêt à périr pour le cercle des villages, jusqu'à ce qu'à la fin l'ensemble devienne une seule et même vie composée d'individus, jamais agressifs ni arrogants, mais toujours humbles, partageant la majesté du cercle océanique dont ils font partie intégrante. Ainsi, la circonférence extérieure n'exercera aucune pression sur le cercle intérieur en vue de l'opprimer, mais insufflera de la force à tous ceux qui le composent, tout en y puisant elle-même son énergie. »

Ce qui suggère au Pr Makarand Paranjape le commentaire suivant :

« En s'inspirant des cercles océaniques, Gandhi crée un modèle de société très différent du système pyramidal ou hiérarchique qui régit la plupart des communautés humaines. La pyramide consiste à placer un grand nombre de gens dans la partie basse et quelques personnes dans la partie haute, chargées de régner sur la base. La pyramide se rétrécit à mesure qu'elle monte vers le haut, si bien qu'au sommet, on ne trouve plus qu'une seule personne. Gandhi, lui, place l'individu au centre du cercle océanique. Or, cet individu étend constamment son rayon d'action et de pensée : d'abord limité à sa famille, il se propage à son quartier, à son village, à sa région, à son pays, et finalement au monde entier. L'attrait de ce modèle réside dans le fait que Gandhi permet à chacun d'être au centre de son propre cosmos tout en échappant aux limites étroites de sa personne. Chacun de nous a la capacité de s'ouvrir vers l'extérieur, de tendre la main à autrui, voire de se sacrifier pour lui. Dans cette acception, l'individu n'est jamais confiné ou limité, mais toujours en expansion ; potentiellement illimité, il peut s'étendre pour embrasser l'intégralité du cosmos[1]. »

1. Extrait de *Acts of Faith : Journeys to Sacred India*, de Makarand Paranjape. Publié en 2012, cet ouvrage n'est pas traduit en français.

Gandhi s'est inspiré de la nature pour forger sa vision de l'autogouvernance. Si les animaux et les plantes sont capables d'autodétermination, d'autosuffisance, d'autoconservation et d'autogouvernance, arguait-il, pourquoi l'homme ne suivrait-il pas leur exemple ? Nos gouvernants, quelle que soit leur couleur politique, devraient se contenter d'être de simples coordinateurs. Pareils au fil qui retient les perles d'un collier, ils seraient invisibles, mais bien présents. Dans un tel système, les citoyens seraient amenés à gérer la plupart de leurs affaires au niveau local. L'essentiel du pouvoir serait concentré entre les membres de petites communautés autonomes, à échelle humaine, qui se chargeraient elles-mêmes du maintien de l'ordre, de la santé, de l'éducation, des transports et de l'organisation des échanges commerciaux.

Vous l'aurez compris : le *swaraj* va de pair avec un système reposant sur de petites communautés, de petites villes et de petits pays. Pour Gandhi, l'Inde devait préserver son unité culturelle, mais favoriser la décentralisation et la diversité politique au sein de ses nombreuses régions. Si nous sommes tous citoyens du monde et membres de la grande famille humaine, nous sommes aussi fermement enracinés au niveau local, dans notre communauté et notre foyer.

Par ailleurs, pour établir un système politique fondé sur l'autogouvernance, il est essentiel de dispenser à tous de solides valeurs morales dans le cadre de l'enseignement public et de faire confiance à la bonté naturelle et au sens éthique de chacun.

Dans la culture indienne, l'homme, comme tout être vivant, est fondamentalement bon. Son âme est aussi pure qu'un souffle d'air ou un filet d'eau. La contamination et la pollution de l'environnement sont une aberration : à l'état naturel, les sols et les fleuves ne sont pas infestés de pesticides et de métaux lourds. De même, l'égoïsme, la cupidité, la soif de pouvoir et l'exploitation d'autrui n'existent pas hors d'un certain contexte social et économique. Si nous parvenions à restaurer la justice économique et sociale, et à valoriser la gentillesse, la générosité et l'empathie de chacun au lieu de nous laisser aveugler par la fortune, le pouvoir et la renommée, nous chercherions dès l'enfance à développer nos qualités émotionnelles et spirituelles. Qui se soucierait alors de lutter pour décrocher davantage de biens matériels que son voisin ?

La mise en place d'un système basé sur l'autogouvernance (*swaraj*) sera d'autant plus réussie que l'organisation visée sera de taille modeste. Dans les petites communautés, tout le monde se connaît : on remédie d'autant plus rapidement aux problèmes qu'on les repère aisément. En revanche, dans les villes ou les pays plus peuplés, le nombre d'habitants, l'anonymat et la distance sont tels qu'il faut recourir à des organisations complexes pour assurer l'ordre public. Depuis leur constitution, les grandes démocraties se sont dotées d'un nombre impressionnant (et en constante augmentation) d'officiers de police, de cours de justice et de centres de détention. Pour instituer le *swaraj*, il faudrait accroître les compétences des collectivités locales et favoriser le développement économique des petites entités villageoises ou régionales. Le poids des responsabilités incombant au gouvernement central en serait considérablement allégé. Instaurées à l'échelle locale, les règles et les réglementations seraient plus simples et mieux acceptées.

L'autogouvernance n'est pas une chimère. De petits pays comme la Suisse et le Bhoutan l'ont appliquée à plus grande échelle que l'Inde et les États-Unis. Les communautés indigènes des siècles passés pratiquaient une forme de démocratie décentralisée qui les rendait très autonomes les unes des autres. Plus récemment, la chute de l'Union soviétique a signé la fin d'un système extrêmement centralisé et monolithique au profit d'une myriade de petits États indépendants. Il est presque toujours possible de délocaliser le pouvoir de décision sans attenter à la qualité des services publics et au bien-être de la population. Malgré tout, la centralisation demeure le mode de gouvernement privilégié des grandes démocraties, et ce pour deux raisons : d'abord, parce que les dirigeants nationaux manquent de confiance dans les collectivités locales, persuadés qu'elles sont incapables de gérer leurs propres affaires ; ensuite, parce que ces mêmes dirigeants profitent de la centralisation pour exercer davantage de contrôle sur leurs concitoyens et pour en tirer profit – à leur avantage, bien sûr.

À l'inverse, la notion gandhienne de *swaraj* consiste à faire confiance aux habitants des communautés locales, à croire en leurs compétences et en leur capacité à discerner le bien du mal. En outre, vu la petite taille des communautés ou des administrations que les citoyens sont amenés à gérer dans le cadre du *swaraj*, leurs erreurs, s'ils en commettent, sont forcément moins graves que celles d'un président élu pour gouverner un grand pays ou nommé à la tête d'une multinationale.

La notion gandhienne d'autogouvernance consiste à faire confiance aux citoyens, à croire en leurs compétences et en leur capacité à discerner le bien du mal.

La crise économique qui menace d'engloutir l'Europe et les États-Unis serait bien moindre si les collectivités locales détenaient l'essentiel du pouvoir politique et économique : les petites instances sont plus autonomes que les grandes, et plus à même de détecter les problèmes avant qu'ils ne deviennent insolubles. Et lorsqu'elles échouent, ce qui peut arriver, les conséquences de leurs échecs demeurent limitées.

Le *swaraj* repose sur l'idée que chacun doit participer à la vie politique de sa communauté, au lieu de la laisser aux mains d'autrui. En ce sens, il s'agit d'inciter la population à l'autodétermination et de mettre en place une véritable démocratie participative, à l'opposé des ploutocraties et des bureaucraties qui règnent en Europe, en Inde et aux États-Unis. Admettons-le : les grands États centralisés ont échoué à résoudre la plupart de nos problèmes. La pauvreté persiste d'un bout à l'autre de la planète, même aux États-Unis. Ce pays si moderne, à la pointe de la recherche scientifique et technologique, doté de ressources naturelles colossales et d'immenses terres arables, continue d'être confronté à des taux records de criminalité, de dépression, d'analphabétisme, de misère et d'addiction. Pourquoi les Américains persistent-ils à concentrer tous les pouvoirs dans un gouvernement ultra-puissant et centralisé s'il se révèle incapable de leur venir en aide ?

Non contents d'être inefficaces auprès de leurs concitoyens, les grands États centralisés se révèlent dangereux pour le reste du monde : leur puissance constitue une menace et une source de conflits. Le Bhoutan, la Norvège ou le Costa Rica ne peuvent s'offrir le luxe d'aller faire la guerre dans un pays lointain, d'entretenir un arsenal nucléaire ou de chercher à dominer leurs voisins : ils sont bien trop « petits » pour ça ! Tous ceux qui luttent contre la misère, la pauvreté et les conflits armés devraient se familiariser avec les idées de Gandhi et militer activement pour la décentralisation et l'instauration de petites unités de pouvoir autonome.

Toutefois, comme le souligne Anthony Parel, professeur de sciences politiques à l'université de Calgary dans une réédition récente de *Hind Swaraj* en anglais, « Le *swaraj* tel que le concevait Gandhi n'appelait pas seulement à la mise en place de l'autogouvernance politique – le *swaraj* de la nation –, mais aussi à l'autogouvernance spirituelle – le *swaraj* du citoyen. Il englobait tout à la fois la politique, l'économie et l'esthétique. Et même alors, il n'aurait pas été complet : pour atteindre l'autogouvernance totale, le citoyen doit s'efforcer d'atteindre la liberté intérieure, le *swaraj* de l'âme, par le biais d'un long travail et d'une transformation de lui-même[1]. »

Le *swaraj* nous invite à reprendre le contrôle pour ne plus être contrôlés. Si la politique, l'économie et les organisations sociales étaient confiées à des individus attachés à des valeurs spirituelles et morales, leurs missions redeviendraient celles d'un service public, et le gouffre qui sépare le politique du spirituel serait enfin comblé.

Gandhi accordait une importance particulière à la dimension spirituelle et individuelle du *swaraj*, car, disait-il, si nous ne sommes pas libres, nous ne pourrons libérer personne.

Le *swaraj* n'est pas une notion immuable : c'est un processus en perpétuelle évolution, un voyage toujours recommencé, plutôt qu'une destination finale. Au lieu de nous désoler de ne pouvoir atteindre le *swaraj* parfait, tel que le concevait Gandhi,

1. Préface de *Hind Swaraj and Other Writings*, de M. K. Gandhi, Cambridge University Press, 1997.

efforçons-nous de développer au maximum l'autogouvernance dans notre vie quotidienne, tout en minimisant le pouvoir que nous exerçons sur autrui et celui qu'autrui exerce sur nous.

Le *swaraj* spirituel, le *swaraj* politique et le *swaraj* écologique sont intimement liés. En effet, si chacun de nous était conscient de ses responsabilités personnelles et attentif à la justice sociale, la société dans son ensemble veillerait à préserver l'environnement dont dépend la survie de notre espèce.

La pensée gandhienne repose sur un troisième principe essentiel : le *swadeshi*, ou autosuffisance économique. Reposant, là encore, sur la participation de chaque citoyen aux activités économiques de leur communauté, cette notion théorisée au milieu du XIXe siècle par les premiers militants de la cause nationale indienne fut reprise avec succès par le Mahatma Gandhi pendant le mouvement pour l'Indépendance. À l'époque, le coton récolté en Inde était exporté en Angleterre, où il était filé et tissé dans les usines britanniques, avant de revenir en Inde pour y être vendu au prix fort. Soumise à cette concurrence déloyale, l'industrie textile indienne s'effondrait, tandis que les profits de l'industrie anglaise montaient en flèche.

Scandalisé par cette économie du profit, dépendante de l'import-export en provenance et à destination de pays lointains, Gandhi encouragea le peuple indien à boycotter les marchandises fabriquées en Angleterre ; il les incita également à favoriser les biens manufacturés dans leur région et à délaisser ceux qui venaient de grandes villes trop éloignées, qu'il s'agisse de Bombay, de Madras ou de Calcutta. Enfin, pour remédier à la pénurie de tissu générée par le boycott, le Mahatma vanta les mérites du rouet : il parcourut les campagnes avec son petit métier à tisser, apprenant aux villageois à filer le coton et leur indiquant comment le faire tisser dans de petites fabriques locales. Le mouvement *swadeshi* était lancé. Il rassembla sous sa bannière l'art de vivre, l'artisanat et l'économie familiale, et contribua à refonder des communautés cohérentes, fondées sur une plus grande autosuffisance locale.

En aidant les habitants des petites collectivités indiennes à conquérir leur souveraineté économique, le mouvement *swadeshi* leur permit également de se libérer des industriels, des hommes d'affaires et des négociants toujours prompts à les exploiter pour concentrer davantage de profit dans un nombre toujours plus restreint de mains. Ce faisant, il réhabilita la valeur et la dignité du travail lorsqu'il est effectué dans de petites unités de production, à l'aide d'outils et de technologies à échelle humaine. Pour Gandhi, dès lors qu'une machine nous aide à accomplir une tâche difficile, elle est compatible avec le *swadeshi*. En revanche, si cette machine vise à remplacer la main de l'homme (et donc à supprimer des emplois), elle va à l'encontre de l'autosuffisance nationale et locale – donc du *swadeshi*.

Le Mahatma insistait pour protéger les emplois liés à la production locale et artisanale de biens et de services. Tout ce qui peut être fabriqué ou cultivé à la main, au moyen d'outils ou de technologies simples, doit pouvoir s'enraciner dans l'économie locale, qu'il s'agisse de construire une maison, de récolter des fruits et des légumes, de fabriquer des vêtements, des chaussures, des meubles, des poteries ou des ustensiles de cuisine. Les technologies plus sophistiquées, employées à grande échelle pour maximiser les bénéfices, doivent être réservées au reste de la production. Il faut mettre la technologie au service de l'homme, et non l'homme au service de la technologie. Quand la technique et l'économie règnent en maîtres, quand l'homme n'est plus qu'un instrument au service de la machine industrielle, le travail n'est plus un bienfait pour l'homme : il détruit son âme et nuit à l'harmonie de la société.

La mondialisation est l'antithèse du *swadeshi*. Elle dépend des avions, des trains, des porte-conteneurs et des poids lourds qui sillonnent la planète pour transporter des marchandises en brûlant une quantité colossale de gaz et de pétrole, qui réchauffent l'atmosphère et bouleversent le climat. A contrario, l'économie locale, dont l'empreinte écologique demeure limitée, permet d'assurer à tous une vie décente dans un environnement protégé.

Mener une existence empreinte de spiritualité ne se résume pas à s'asseoir en tailleur une demi-heure par jour pour murmurer « *shanti, shanti, shanti* » les yeux mi-clos, ou à se rendre à l'église le dimanche pour chanter de beaux cantiques, ni même à lire les Vedas, le Coran ou la Bible. Le *swadeshi* permet de transformer les tâches agricoles, le binage du potager, le filage, le tissage et la fabrication d'objets de tous les jours en actes de dévotion et d'altruisme. Comme l'écrivait saint Benoît, « l'oisiveté est l'ennemie de l'âme » : il est essentiel de travailler, mais le travail ne nourrit l'âme que s'il mobilise notre imagination et notre créativité. Si nous en sommes réduits à effectuer une succession de gestes répétitifs et machinaux pour le bénéfice d'une compagnie anonyme basée à des milliers de kilomètres de distance, il est probable que notre travail perde tout intérêt à nos yeux, autre que celui de payer nos factures. L'économie libérale, basée sur la mondialisation et la libre circulation des biens et des services vide le travail de son potentiel spirituel et créatif. En revanche, une économie locale, décentralisée, à taille humaine, fondée sur l'emploi de travailleurs motivés et sûrs de leur vocation, se révélera bénéfique pour leur âme, pour la collectivité et pour l'environnement. En ce sens, la souveraineté économique est une condition préalable à la protection de la terre, de l'âme et de la société.

La notion éthique du *sarvodaya* (bien-être pour tous), la doctrine politique du *swaraj* (autogouvernance et auto-organisation) et la théorie économique du *swadeshi* (autosuffisance locale et nationale) offrent un programme complet en réponse à la plupart des problèmes de notre temps : augmentation du chômage, diminution des ressources naturelles, changements climatiques, conflits internationaux, pauvreté endémique, sentiment d'aliénation et d'isolement, violence et mauvaise santé. Les trois piliers de la pensée gandhienne permettent à chacun d'entre nous de participer activement aux affaires de sa propre communauté. Ils rendent son autonomie à l'individu, renforcent la cohésion de la collectivité, simplifient les systèmes d'organisation sociale et favorisent l'éclosion de mesures politiques pleines de sens.

Encourager la toute-puissance du capitalisme au détriment du *sarvodaya*, une politique de centralisation au lieu du *swaraj* et la mondialisation de l'économie à la place du *swadeshi* génère une dégradation alarmante de l'environnement, un mépris généralisé de la morale et de l'éthique au sein du corps politique, et une confusion totale quant au véritable objectif des organisations sociales.

Tout comme les socialistes se reconnaissent dans la philosophie de Karl Marx et les capitalistes dans la pensée d'Adam Smith, les écologistes et les pacifistes devraient choisir Gandhi comme mentor. N'a-t-il pas vu venir la plupart des difficultés auxquelles nous sommes confrontés à l'heure actuelle ? Et ne propose-t-il pas des réponses pertinentes et adaptées à ces mêmes difficultés ?

Alors qu'un journaliste lui demandait ce qu'il pensait de la civilisation occidentale, le Mahatma répondit : « Ce serait une bonne idée. » Je ne crois pas qu'il s'agissait d'une boutade de sa part. À ses yeux, le système mis en place en Occident (système qu'il se refusait à qualifier de « civilisation ») reposait sur la violence, l'agressivité, l'exploitation de l'homme et de la nature, l'esprit de compétition et la soif de pouvoir. Une société capable de fabriquer et d'utiliser des armes nucléaires ne pouvait être considérée comme civilisée. Aujourd'hui, ne pourrait-on répondre de la même manière à la question du journaliste ? Une civilisation qui élève les animaux dans de gigantesques fermes où ils sont traités avec une extrême cruauté ne peut être qualifiée de civilisée ; une société capable de détruire la forêt amazonienne et d'abattre des millions d'arbres pour produire toujours de plus de fourrage et de nourriture, dont une grande partie sera jetée avant d'être consommée, ne peut être qualifiée de civilisée ; une société qui laisse un tiers de sa population dans la misère et l'illettrisme, sans toit ni accès aux soins médicaux, ne peut être qualifiée de civilisée ; une société qui ferme les yeux sur l'esclavage des enfants et octroie des salaires de misère aux ouvriers qui triment pour elle dans les pays pauvres ne peut être qualifiée de civilisée.

Derrière une jolie façade peinte aux couleurs de la démocratie, des droits de l'homme, de la liberté d'expression et du respect de l'ordre public, les institutions occidentales reposent sur des principes nettement moins reluisants : l'égoïsme, la cupidité, le matérialisme, le consumérisme et l'élitisme – en d'autres termes, une violence généralisée. Aussi me paraît-il essentiel que les associations écologistes et les militants de l'économie durable intègrent la non-violence comme principe fondateur de leurs stratégies d'avenir. La non-violence envers soi-même, envers autrui et envers la nature devrait guider toutes nos décisions politiques, économiques, éducatives, commerciales et internationales, ouvertement et sans exception. Pour l'heure, la prétendue « civilisation occidentale » souhaite à la fois conserver son arsenal nucléaire et empêcher sa prolifération. L'Occident refuse de s'appliquer à lui-même des règles qu'il veut imposer à ses voisins et se croit tout permis pour assurer sa propre sécurité, alors qu'il interdit aux autres pays d'adopter une attitude similaire. « Faites ce que je dis, mais pas ce que je fais » semble être sa devise. « Copiez nos méthodes commerciales, notre société de consommation et nos innovations technologiques de façon à ce que nous puissions profiter de vos marchés, insinue-t-il. Mettez-vous sous la protection de nos armées en signant avec nous divers traités, mais ne cherchez pas à être autosuffisants sur le plan économique et militaire ; achetez-nous des armes, mais n'en fabriquez pas vous-mêmes ! »

Pour Gandhi, qui observait l'Occident de l'extérieur, rien de tout cela ne s'apparentait à une civilisation. Ce terme ne peut s'appliquer qu'à un système fondé sur l'égalité, le respect mutuel, le sens du bien commun, de la justice et de l'équité – autrement dit : sur la non-violence en pensée, en actes et en paroles.

La théorie de la non-violence nous invite à veiller à ce que nos actions, quelles qu'elles soient, ne portent pas atteinte à la nature, à nous-mêmes (sur le plan psychologique, émotionnel, spirituel et physique) ou à autrui (sur le plan économique, politique et culturel). Si vous souhaitez la respecter, suivez la règle d'or : ne faites pas aux autres ce que vous ne voudriez pas que l'on vous fasse.

Pour fonder enfin la « civilisation occidentale », nous devons aller plus loin que la Révolution française, qui instaura la liberté, l'égalité et la fraternité : efforçons-nous d'instaurer le respect de la terre, de l'âme et de la société sous l'égide du principe de non-violence tel qu'il fut énoncé par le Mahatma Gandhi.

Au bénéfice de toutes les organisations, des ONG, des associations et des personnes qui travaillent dans le secteur du développement et de l'environnement, il me semble intéressant de souligner le caractère fédérateur de la trinité « terre, âme, société » : celle-ci leur fournirait un terreau commun sur lequel pourraient s'épanouir leurs différentes passions, activités, projets et programmes. La notion gandhienne de bien-être pour tous dans un cadre autosuffisant, local et dynamique pourrait servir de plan d'action et d'orientation à tous ceux qui veulent changer de projet de société.

Suivez la règle d'or : ne faites pas aux autres ce que vous ne voudriez pas que l'on vous fasse.

Gandhi rappelait souvent que le changement commence par soi-même. Ne demandez pas à quelqu'un d'évoluer si vous-même restez figé dans vos habitudes.

Le Mahatma fut amené à s'exprimer sur ce point lors d'une conversation avec le célèbre Pr Ram Manohar Lohia, leader indépendantiste, excellent orateur et auteur prolifique.

« Pour être franc avec vous, commença Lohia, vous n'êtes ni éloquent ni charismatique. Pourtant, des dizaines de milliers de personnes viennent vous acclamer. Lorsque vous lancez un appel à l'action, des foules immenses se mettent en mouvement. Les gens vous écoutent avec une telle ferveur ! Les autres hommes politiques, aussi célèbres, spirituels et séduisants soient-ils, ne parviennent jamais à rassembler autant de monde. Quel est donc votre secret ? »

Visiblement interloqué, Gandhi réfléchit un moment.

« Je n'en sais rien, répondit-il enfin. Tout ce que je peux vous dire, c'est que je n'ai jamais demandé à personne de faire ce que je ne fais pas moi-même.

— Je comprends. C'est votre intégrité, non vos discours, qui impressionne les foules.

— Professeur Lohia, nous devons être le changement que nous voulons voir dans le monde », répliqua Gandhi. Convaincu, son interlocuteur sourit et hocha la tête.

De nombreuses anecdotes témoignent de la rigueur avec laquelle le Mahatma suivait ce principe, veillant toujours à respecter des règles, appliquer des consignes ou atteindre des objectifs auxquels il se soumettait lui-même.

On raconte notamment qu'une de ses amies lui amena un jour son petit garçon auquel elle reprochait de manger trop de sucre. La mère entra dans la modeste demeure de Gandhi alors qu'il était en train de filer du coton. Il l'accueillit en souriant et l'invita à s'asseoir.

« Merci, Bapu. » Comme la plupart des proches et des admirateurs de Gandhi, elle l'appelait « Père » en hindi.

« Que puis-je faire pour vous ? demanda-t-il.

— Je vous en prie, dites à mon fils de ne plus manger de sucre. Il en est très friand et ne sait pas s'arrêter. Du sucre dans son lait, dans son yaourt, dans son riz... J'ai beau lui répéter que ce n'est bon ni pour ses dents ni pour sa santé, il refuse de m'écouter. Avec vous, ce sera différent. Il a tant de respect pour vous ! Si vous lui demandez de consommer moins de sucre, il vous écoutera certainement. »

Gandhi réfléchit un long moment – si longtemps que la dame en fut gênée. Peut-être n'aurait-elle pas dû le déranger pour un problème aussi trivial ? Enfin, il déclara : « Seriez-vous d'accord pour revenir avec votre fils dans deux semaines ? Ce jour-là, je lui parlerai. »

Surprise, la femme regretta plus encore de l'avoir dérangé. Il était si occupé ! Elle n'aurait pas dû profiter de leur amitié pour lui demander un service. Cependant, puisque Gandhi lui proposait de revenir, elle ne pouvait guère refuser. Quinze jours plus tard, elle revint donc avec son fils.

Elle trouva de nouveau Gandhi dans sa demeure, assis derrière son rouet. C'était l'heure habituelle à laquelle il recevait les visiteurs qui se présentaient sans rendez-vous. Le Mahatma fixa le jeune garçon dans les yeux et dit : « Regarde mes dents. Certaines sont tombées, d'autres sont très abîmées. Je suis sûr que tu n'as pas envie que tes dents ressemblent aux miennes ! Alors, écoute-moi : tâche de manger moins de fruits sucrés, comme les dattes et les raisins secs, et abstiens-toi complètement de croquer des morceaux de sucre et des biscuits. »

Reconnaissante mais étonnée, la femme le questionna : « Je vous remercie, Bapu. Mais pourquoi m'avez-vous demandé de revenir ? Vous auriez pu dire la même chose à mon fils lors de ma première visite ! »

Gandhi répondit :

« Lors de votre visite, j'avais moi aussi l'habitude de trop sucrer mes boissons et mes desserts. Comment aurais-je pu demander à votre enfant de renoncer au sucre si je n'y renonçais pas moi-même ? J'ai passé les quinze derniers jours à éviter d'en manger. Si bien que je me sens maintenant en droit d'inviter votre fils à y renoncer, lui aussi.

— Merci, Bapu. Je suis navrée de vous avoir causé tant de soucis. »

Gandhi se pencha vers elle.

« Pourquoi avez-vous du sucre chez vous ? Est-ce parce que vous en mangez beaucoup, vous aussi ?

— Je ne mange pas de sucre, Bapu, mais j'en propose toujours à mes invités quand je leur offre du thé. Je m'en sers aussi pour confectionner des pâtisseries pendant les fêtes.

— Les enfants suivent rarement les conseils de leurs parents. En revanche, ils sont enclins à les imiter. J'espère que vous serez un modèle pour votre fils ! » conclut Gandhi.

Le Mahatma se montra tout aussi rigoureux envers lui-même lorsqu'il décida d'apprendre le sanskrit afin de pouvoir lire la *Bhagavad-Gita* dans sa version originale. Il s'adressa d'abord à Mahadev Desai, son secrétaire personnel. « Je sais que vous avez étudié le sanskrit, dit-il. Accepteriez-vous de me l'enseigner ? »

Devenir le professeur de Gandhi ! Mahadev jugea la perspective si intimidante qu'il préféra se défausser sur Vinoba Bhave, assis non loin d'eux. « Vinoba est un grand spécialiste du sanskrit et de la *Gita*, assura-t-il. Pourquoi ne pas lui demander d'être votre professeur ? »

Gandhi se tourna vers Vinoba. « Auriez-vous la gentillesse de m'accorder un peu de votre temps afin de m'enseigner le sanskrit à l'aide de la *Bhagavad-Gita* ? Grâce à vous, je pourrais exaucer mes deux souhaits en même temps ! »

Vinoba se montra enchanté par cette proposition, mais il connaissait assez Gandhi pour savoir que son emploi du temps était déjà surchargé.

« Êtes-vous certain de pouvoir y consacrer le temps nécessaire ? Il faudrait que vous réserviez un moment chaque jour, à la même heure. Je me libérerai alors de mes engagements et vous rejoindrai pour la leçon.

— Vous avez raison. Il faut fixer un horaire régulier. Après la prière du soir, peut-être ? »

Vinoba accepta. Aussi occupé soit-il, Gandhi respectait toujours son temps de prière, une fois au lever du jour, l'autre au coucher du soleil. Il ne manquait jamais non plus de passer un moment derrière son rouet pour filer du coton.

Les leçons commencèrent à l'heure fixée et s'enchaînèrent au fil des jours suivants avec une régularité de métronome. Aidé par Vinoba, Gandhi déchiffra sans difficulté le premier chapitre de la *Gita* : en quarante-sept versets, le poète installe le décor du long dialogue qui va suivre entre le dieu Krishna et Arjuna, le valeureux guerrier. Le début du deuxième chapitre ne présenta pas plus de difficultés, du moins jusqu'au verset 54, qui marque l'entrée des deux protagonistes dans une réflexion approfondie sur la synthèse entre l'existence individuelle et l'existence transcendantale.

« À quels signes reconnaît-on l'homme qui baigne dans la transcendance, ô Keshava ? demande Arjuna à Krishna. Comment parle-t-il, et avec quels mots ? Comment s'assied-il et comment marche-t-il ?

— Quand un homme a complètement rejeté tous les désirs qui ont pénétré dans son esprit, quand son bonheur ne dépend plus de quiconque, quand il est satisfait dans le Soi, par le Soi seul, on dit qu'il baigne dans la transcendance. »

Gandhi fut bouleversé par cette réplique. La leçon terminée, il se mit au lit en se demandant comment être libre de tout désir et de tout attachement. Comment être heureux dans le Soi ? Cette question le troublait infiniment. Il se promit de faire tout son possible pour atteindre l'état de transcendance dont parlait le dieu Krishna.

Le lendemain soir, Vinoba se présenta à l'heure habituelle pour le cours de sanskrit. « Je ne prendrai pas de leçon aujourd'hui », annonça le Mahatma. Il offrit la même réponse à Vinoba le lendemain, le surlendemain et les jours suivants. Un mois s'écoula ainsi, puis Gandhi se déclara de nouveau prêt à poursuivre son apprentissage.

Vinoba lui lança un regard perplexe.

« Nous devons travailler régulièrement ! La rigueur et la constance sont essentielles pour apprendre le sanskrit et la *Gita*.

— Vinoba, je n'ai pas cessé d'apprendre le sanskrit et la *Gita* parce que je me sentais démotivé ou trop occupé. Le verset 55 nous invite à nous libérer de nos attachements et de nos désirs afin de trouver le bonheur en nous-mêmes. Au cours du mois écoulé, je me suis efforcé de mettre la leçon de Krishna en pratique. Je crois avoir atteint partiellement mon objectif. Nous pouvons donc poursuivre notre lecture. Je ne souhaite pas seulement connaître la *Gita* dans sa version originale, je désire mettre ses principes en pratique dans ma vie quotidienne. »

La dernière anecdote que je raconterais sur la manière dont Gandhi s'efforçait d'incarner lui-même le changement qu'il cherchait à provoquer, nous entraîne dans la vaste demeure de Jawaharlal Nehru à Allahabad, dans les années 1940.

Leader du parti du Congrès dont Nehru était secrétaire général, Gandhi menait alors la lutte pour l'indépendance – au prix, comme Nehru, de nombreux séjours en prison. Proches collaborateurs et compagnons de lutte, les deux hommes se rencontraient fréquemment. Ce jour-là, le Mahatma était en visite chez Nehru à Allahabad, au nord-est du pays. Bien que spacieuse et confortable, la demeure de son hôte n'était pas équipée en eau courante. Après avoir passé la soirée à discuter, le Mahatma avait obtenu de Nehru l'assurance qu'il encouragerait, lui aussi, les masses indiennes à lutter sans violence contre le pouvoir britannique. Au réveil, Nehru se chargea d'apporter à Gandhi la cruche d'eau dont il avait besoin pour ses ablutions matinales. Il drapa une serviette propre sur son avant-bras et versa l'eau dans une cuvette tandis que Gandhi se lavait le visage et les dents. Le Mahatma ayant prévu de repartir le matin même, Nehru décida de mettre à profit ce dernier tête-à-tête pour clore la discussion de la veille.

« Bapu, dit-il, comment ferons-nous pour convaincre les Indiens des vertus de la non-violence et de la désobéissance passive ?

— Nous leur montrerons l'exemple. C'est le meilleur moyen de les convaincre. Je...

— Pardonne-moi, Bapu, interrompit Nehru d'un ton navré. La cruche est vide. Peux-tu attendre un instant ? Je vais la remplir. »

Gandhi se figea, stupéfait. « Quoi ? s'exclama-t-il. J'ai déjà vidé une cruche entière et je n'ai pas fini de me laver ? Quel gâchis ! D'habitude, une seule cruche me suffit ! »

Il s'interrompit, visiblement perturbé. Nehru le regardait sans comprendre : pourquoi Gandhi faisait-il une telle histoire pour un peu d'eau ? Il s'apprêtait à l'interroger quand il vit des larmes perler à ses paupières.

« Pourquoi pleures-tu ? s'écria-t-il.

— Je m'en veux d'avoir été si distrait. J'aurais dû me concentrer sur ma toilette au lieu de bavarder avec toi. Quelle honte d'avoir utilisé tant d'eau !

— Tu sais bien que l'eau abonde ici, à Allahabad. La ville est traversée par deux grands fleuves. Nous avons aussi la chance de bénéficier d'une troisième rivière, invisible et mythique, qui alimente nos puits toute l'année. Ce n'est pas comme chez toi, dans le Gujarat, où tout est sec et désert !

— C'est vrai. Il y a beaucoup d'eau ici, dans ta ville natale. C'est une grande chance pour elle d'être baignée par ces trois belles rivières. Mais cela ne change rien à la quantité d'eau que je m'autorise à utiliser chaque matin ! »

Sur l'insistance de Nehru, le Mahatma accepta malgré tout de terminer sa toilette : il envoya à contrecœur son hôte chercher une demi-cruche d'eau supplémentaire.

« Ce n'est pas une lubie de ma part, argua-t-il pour justifier son attitude. Il y a assez de tout dans le monde pour satisfaire les besoins de chacun, mais les ressources naturelles ne suffisent pas à combler notre avidité – pire encore, notre tendance à les gaspiller ! L'eau nous donne la vie. Ne vois-tu pas à quel point elle nous est précieuse ? Nous devons l'utiliser avec modération, même lorsqu'elle coule en abondance, comme ici. Nous parlions de non-violence, n'est-ce pas ? Eh bien, pour moi, le gaspillage est une forme de violence ! »

Tous ces récits nous montrent que, pour Gandhi, la non-violence était un mode de vie, pas seulement un mot d'ordre politique susceptible de lui assurer la victoire sur l'Empire britannique.

Les sept péchés sociaux

L'argent sans effort
Le plaisir sans conscience
La connaissance sans âme
Le commerce sans morale
La science sans humanité
La religion sans sacrifice
La politique sans principes.

GANDHI

4

Ce que j'ai appris de Tagore

Rabindranath Tagore est un contemporain de Gandhi. Si Gandhi cherchait la poésie dans le politique, Tagore, lui, cherchait la politique dans la poésie.

J'ai découvert l'œuvre de Tagore quand je vivais dans une communauté gandhienne à Varanasi (Bénarès). Ma chambre était située en face de celle de Shishir, l'un de mes amis et collègues, qui vouait un véritable culte à la poésie et aux compositions musicales de Tagore. Il le citait en permanence, traduisait pour moi ses poèmes en hindi et passait fréquemment ses disques sur son gramophone. Intrigué, j'ai décidé d'en savoir plus. Je me suis rendu dans une librairie, dont je suis sorti muni de trois ouvrages traduits en hindi : *Gitanjali*[1], le recueil de poèmes qui avait valu à Tagore le prix Nobel de littérature, *Gora*, un roman[2], et *Dakghar*, une pièce de théâtre[3].

De Tagore, je n'avais encore rien lu, si ce n'est un ou deux poèmes. En revanche, je connaissais très bien l'une de ses chansons, *Ekla Chalo Re*, et son refrain (« Marche seul, même s'ils ne répondent pas à ton appel, même si personne ne t'écoute, ne renonce pas, continue de marcher ! »). Nous la chantions chaque matin et chaque soir à l'issue de la prière collective. Les paroles nous rappelaient les propos de Gandhi sur la vérité et

1. Traduit de l'anglais en français par André Gide pour la NRF sous le titre *L'Offrande lyrique* en 1914, réédité depuis dans la collection « Poésie », Gallimard.
2. *Gora* [Le garçon à la peau claire] n'est pas traduit en français.
3. Traduite de l'anglais en français sous le titre *Amal et la lettre du roi : comédie en deux actes*, par André Gide, NRF, Paris, 1924.

l'isolement de ceux qui la propagent : « Même si vous êtes en minorité, disait-il, même si vous êtes seul à la détenir, la vérité reste la vérité, et vous devez vous battre pour faire entendre vos convictions. » Et, comme tous les Indiens, je connaissais par cœur notre hymne national, *Jana Gana Mana*, première strophe d'un chant écrit et composé par Tagore en hommage à la beauté et à la variété des paysages du sous-continent indien.

Je n'ignorais donc pas l'importance de l'auteur et de son œuvre, mais je n'en avais qu'une connaissance superficielle, puisque Tagore écrivait en bengali, une langue que je ne connaissais pas. Si mon ami Shishir n'avait pas éveillé ma curiosité, je n'aurais peut-être pas cherché à me procurer ses traductions en hindi.

Lorsque je me suis plongé dans son œuvre, j'ai découvert que Tagore se situait dans la lignée des grands poètes mystiques Roumi et Kabîr : comme eux, il exaltait l'esprit humain tout en se laissant subjuguer par la beauté et le mystère de la nature. Il saluait la présence du divin dans tout ce qui suscitait son admiration – une fleur, une rivière, le passage des saisons –, mais il savait aussi se montrer militant et passionné des causes politiques qu'il soutenait.

Plus je le lisais, plus je me sentais en adéquation avec son mode de pensée. Tagore prenait fait et cause pour la nature, pour l'esprit et pour la société. Tout ce qu'il produisait, ses poèmes, ses pièces de théâtre, ses chansons et ses récits, ses discours et même les leçons qu'il dispensait à ses élèves, était transcendé par son désir de servir la terre, d'élever l'esprit humain et de changer la société. Il célébrait la beauté, l'intégrité et la générosité de la vie sur terre sous toutes ses formes.

La chanson qu'il écrivit et composa en hommage au Bengale, sa région natale, devint l'hymne national du Bangladesh en 1971, après la proclamation de l'indépendance.

Je suis devenu un incorrigible optimiste. Si je ne peux pas ouvrir une porte, j'en essaie une autre – ou j'en fabrique une. Ne nous décourageons pas. La vie nous réserve de si belles surprises !

Si l'amour inconditionnel et sans limites que Tagore éprouvait pour la terre et la nature est omniprésent dans son œuvre, je l'ai toujours trouvé particulièrement poignant dans « Terre », l'un de ses plus longs poèmes. Écrit en 1893, il semble anticiper certains mouvements de pensée actuels, tels que l'économie durable et la *deep ecology*.

Dans ce poème, Tagore porte au plus haut les pouvoirs du langage et de l'imagination. Il chante avec délice le mystère et la magie des montagnes, des prairies, des forêts, des déserts, des océans, des fleuves, des animaux, des saisons et des esprits.

À une époque où la nature souffrait de n'être évaluée qu'en fonction de son degré d'utilité pour l'espèce humaine, Tagore rappelait la valeur intrinsèque de la planète Terre. C'est l'homme qui dépend de ce qu'elle lui donne, non l'inverse – et il en dépend totalement. Aussi Tagore incitait-il ses lecteurs à se montrer moins arrogants afin de vivre en harmonie avec la terre. Lui-même s'offrait entièrement à l'étreinte de la terre mère : il n'hésite pas, dans ce poème, à se comparer à un bébé lové dans son giron.

Mère, je t'en prie,
Tiens-moi fermement dans tes bras !
Je veux être tien,
Appartenir à ton sein –
Cette source secrète dont jaillit la fontaine
De ton immense vitalité,
De tes multiples délices –
Emmène-moi. Ne me tiens pas loin de toi !

Où souhaitait-il aller, exactement ? Certainement pas dans un autre monde ou dans un quelconque paradis. Comme en témoigne le poème suivant, lorsque Tagore s'imagine au ciel, il comprend vite que sa chère planète vaut mieux que la vie éternelle.

Ô dieux et déesses, l'heure est venue pour moi de dire adieu au paradis.

Tel un immortel, j'ai passé de nombreux et heureux millénaires au royaume des dieux.

J'espérais voir une larme briller dans les yeux du paradis au moment des adieux, mais, indifférent, dénué de cœur et de chagrin, ce beau pays céleste m'a regardé partir sans ciller.

Ris toujours, beau paradis ! Et vous, dieux et déesses, continuez de boire votre nectar. Le paradis est à votre image. Vous y goûtez la félicité, nous y sommes étrangers.

Rien de tel sur Terre. Ce n'est pas un paradis, mais nous y sommes nés. Les yeux de notre terre natale s'emplissent de larmes si l'un de nous, même fraîchement arrivé, vient à manquer, ne serait-ce que quelques heures.

Les humbles, les doux, les imbéciles et les invalides, et même les plus retors d'entre nous, tous, nous trouvons refuge contre son sein. Elle nous serre farouchement sur son cœur comme une mère étreint avec délectation le corps poussiéreux de ses enfants.

Puisse le nectar couler à flots au séjour céleste, et l'amour, mêlé de joies et de souffrances, ruisseler sur nos pays, verdissant de ses larmes nos paradis terrestres.

Si Tagore ne cherchait pas le paradis, il rejetait également la croyance en un dieu séparé de la terre et de la nature. Pour lui, le divin, la délivrance et le salut doivent être trouvés dans le monde, ici et maintenant. Dieu et la religion font partie de notre vie quotidienne. Il n'est pas nécessaire de renoncer au monde pour trouver Dieu. Ce n'est pas dans la renonciation au monde, mais dans sa pleine acceptation, que nous parviendrons à percevoir le divin qui nous entoure. Car Dieu est partout, ainsi qu'en témoigne clairement ce poème intitulé « Renonciation » :

Un homme fatigué du monde murmura au milieu de la nuit : « Je quitterai ce soir ma maison pour celle des dieux que j'adore. Pourquoi resterais-je pris au piège entre ces quatre murs ?

— Pour moi », répondit Dieu, mais le son ne pénétra pas ses oreilles.

Serrant leur nourrisson endormi contre son sein, son épouse dormait, heureuse, à son côté.

« Qui se cache derrière vos masques de maya ? reprit l'homme.

— C'est moi, répondit Dieu, mais nul ne l'entendit.

— Seigneur, où es-tu donc ? gémit l'homme en se levant pour partir.

— Tout près de toi », fut la réponse, mais l'homme demeurait sourd à ses paroles.

L'enfant pleura dans son sommeil et s'agrippa à sa mère.
« Reviens ! » ordonna Dieu, mais l'homme n'entendit pas son ordre.
De guerre lasse, Dieu laissa échapper un soupir. « Hélas ! Où va mon fidèle ? Pourquoi me quitte-t-il ? »

Pour Tagore, le divin ne réside pas dans des temples richement ornés ou des palais extravagants, ni dans la satisfaction égotiste que procurent l'argent, le pouvoir ou la réussite. Nul besoin pour trouver Dieu de se lancer dans une quête détachée des contingences du monde ni de s'adonner au matérialisme et au consumérisme : ceux qui optent au contraire pour une vie simple et élégante, en contact avec la nature, ont toutes les chances de le percevoir. Le poète l'affirme à maintes reprises : ce qui est ordinaire est extraordinaire, et les plus modestes sont magnifiques. Peut-être faut-il avoir perdu la simplicité pour prendre enfin conscience de sa valeur ? C'est ce que nous conte le poème suivant :

Un bâton sous le bras, un ballot sur la tête, au crépuscule, un villageois longe la rivière pour rentrer chez lui.
Si, après plusieurs siècles, comme par magie, du royaume des morts ce paysan devait ressusciter et reprendre forme humaine, son bâton sous le bras, un éclair de surprise au fond des yeux, une foule immense l'assiégerait de tous côtés, suspendue au moindre mot qui s'échapperait de ses lèvres.
Ses joies et ses peines, ses engouements et ses amours, ses voisins, son foyer, ses champs, son troupeau, ses méthodes de travail : les badauds voudraient tout savoir, tout connaître de lui.
L'histoire de sa vie, si ordinaire aujourd'hui,
semblera, en cet avenir lointain, chargée de poésie.

Né en 1861, Tagore vivait dans une Inde profondément inégalitaire. L'organisation sociale, économique et politique de l'époque – comme celle d'aujourd'hui – ne faisait que perpétuer la misère de toute une partie de la population. Conscient des épreuves qu'enduraient la plupart de ses concitoyens, Tagore n'hésitait pas à crier son indignation, ajoutant une facette plus politique à son tempérament d'amoureux de la nature, comme l'illustre ce poème, extrait de *Gitanjali* :

Ô mon pays au triste destin,
à ceux que tu as affrontés,
tu dois l'équité en partageant le même affront.
À ceux que tu as laissés patienter, debout devant toi,
sans jamais les inviter à entrer,
leur refusant le droit d'être des hommes,
tu dois l'équité en partageant le même affront.

Cent siècles d'humiliations ont plu sur ta tête,
mais tu refuses toujours de reconnaître
la divinité inhérente à l'homme.
Ne vois-tu pas, quand tu baisses les yeux,
que le dieu des exclus, des opprimés, court avec eux
dans la poussière ? À tous ceux-là,
tu dois l'équité en partageant le même affront.

Tagore était un poète du peuple. Le sort des pauvres et des exclus le touchait profondément. Chargé par son père de la gestion des terres familiales, il avait une conscience aiguë, pour les avoir regardées en face, des difficultés que connaissaient les paysans pauvres du Bengale. Ses idéaux pétris de justice et d'égalité l'incitèrent à créer une banque locale chargée de proposer des microcrédits aux villageois.

Sans doute n'était-il pas habituel de combiner une vocation de poète avec les responsabilités d'un grand propriétaire terrien, mais le père de Tagore accordait entière confiance à son fils : de tous les membres de leur nombreuse famille, Rabindranath était à ses yeux le mieux à même d'administrer le domaine familial. Tagore prit ses fonctions très à cœur. Il améliora le statut des cultivateurs et introduisit de meilleures méthodes d'agriculture et d'élevage. Convaincu que les travaux de la terre favorisent la dignité, la quête de sens et la satisfaction de l'âme humaine, Tagore participait aux labours afin de témoigner son respect aux paysans. Il incita l'un de ses fils à étudier l'agronomie et noua une longue et fructueuse amitié avec Leonard Elmhirst, célèbre ingénieur agronome britannique. Tous deux fondèrent en 1921 l'Institut pour la reconstruction rurale, bientôt rebaptisé

« Sri Niketan », le « havre de prospérité », à Surul, non loin de Shantiniketan, le « havre de paix » où vivait Tagore.

Le poète et l'agronome échangèrent plus d'une centaine de lettres au fil des deux décennies que dura leur collaboration. Parvenue jusqu'à nous, cette correspondance offre une plongée saisissante dans la pensée politique et l'engagement social de Tagore envers l'amélioration du sort des plus pauvres. Le poète paraît sincèrement accablé par la misère des villageois, contre laquelle il luttera d'arrache-pied tout au long de sa vie. Comme Gandhi, il était persuadé qu'il ne suffirait pas à l'Inde de se libérer du joug britannique pour aller mieux : le pays devait également mettre fin aux inégalités sociales et au système des castes, et promouvoir une véritable révolution agraire.

« Je sais bien que Platon n'avait pas de place pour les poètes dans sa République, écrivit Tagore à Elmhirst dans une lettre datée du 31 mars 1922, mais j'endosserais volontiers la charge de poète lauréat de l'Inde rurale, si elle existait ! [...] Il ne serait pas superflu de cultiver l'imagination pour mieux servir l'agriculture », ajoutait-il, exaltant la beauté du contact avec la « mère poussière ». Outre le lien étroit qu'il souhaitait établir entre imagination et agriculture, il rappelait également, dans la même lettre, le caractère profondément pacifiste et pacificateur de l'activité agricole : « La paix véritable vient d'une abondance liée à la vie même, en contact direct avec la nature, une abondance qui ne doit rien à la machine, mais tout au travail humble et acharné de la terre, à notre rencontre avec les forces vives et généreuses de la vie. »

Protecteur des paysans, Tagore critiquait sévèrement les citadins qui méprisaient la population rurale. Le 10 décembre 1923, après avoir félicité Elmhirst d'être le « meilleur défenseur des villages indiens », il pourfendait les notables des grandes villes, qui « fiers de leur portefeuille bien garni, viennent exhorter les villageois aux sacrifices. Au nom de quoi les paysans devraient-ils se prosterner humblement sur le seuil de tels tourmenteurs ? Quelle pitoyable faveur peuvent-ils attendre de ces gens ? Nos paysans devraient avoir l'audace de crier un "non" puissant à la face du monde et se hâter de regagner le giron de Bhumi lakshmi. » En faisant ainsi référence à la déesse de la terre et de l'abondance, Tagore exprime sa profonde révérence pour la nature. Il ne cherchait pas seulement à développer l'économie rurale, mais aussi à nourrir l'esprit et l'imagination des villageois, à renforcer la cohésion et à améliorer la qualité des relations humaines au sein des collectivités locales.

> Je me suis endormi et j'ai rêvé que la vie était une joie. Je me suis réveillé et j'ai vu que la vie était un labeur. Je me suis mis au travail, et mon labeur fut une joie.

Très impliqué dans la gestion de l'école qu'ils avaient fondée, Tagore avait une vision claire de son avenir, qu'il décrivait ainsi à Elmhirst : « Sri Niketan ne doit pas seulement avoir une forme et un but, elle doit aussi produire de la lumière, afin de se propager au-delà de ses limites temporelles et spatiales. [Le développement économique] devrait servir à éclairer le chemin des pèlerins, et pas seulement à remplir nos réserves. [...] Pour nous, une lampe allumée n'est pas une pépite d'or, mais le début de la fin [...]. Lorsque nous cherchons à obtenir un bon résultat dans un domaine précis, évitons à tout prix de suivre les recettes concoctées par des hommes instruits et intelligents, détenteurs d'un savoir technique et d'une expérience bien spécifique. Libérons au contraire le pouvoir de notre imagination pour créer un monde entièrement nouveau. » (Lettre du 26 juin 1924.)

Les projets de Tagore en matière de développement rural ne se limitaient pas, comme chez beaucoup d'autres, à promouvoir l'arrivée de la science et de la technologie dans les villages indiens, ou l'imitation du modèle occidental de croissance économique : « L'Europe a conquis le monde, écrit-il à Elmhirst le 21 octobre 1926. Elle doit maintenant se conquérir elle-même. » Selon lui, la quête effrénée d'efficacité dans laquelle s'était lancé le vieux continent devait se doubler d'une réflexion sur les forces de la nature et la meilleure manière de vivre en harmonie avec elle. Voilà pourquoi il était essentiel que Sri Niketan ne soit pas « une simple école, mais un centre de vie ».

Tagore adorait la science. Il détaille une partie de ses connaissances dans *Our Universe*[1] [Notre univers], ouvrage consacré au « monde des étoiles » et au « monde des atomes », qui éveillaient tous deux sa fascination. Il entretenait une correspondance suivie avec Albert Einstein et Werner Heisenberg, l'un des pères de la mécanique quantique, qui lui rendit visite à Shantiniketan en 1929. Le poète tient cependant à souligner, dans l'une de ses lettres à Elmhirst, qu'en Europe, « la science n'est pas complémentaire de la religion : elle la remplace. Aussi formidable soit-elle, la science demeure pourtant inopérante dans bien des domaines : si elle contribue à accroître les connaissances, la puissance et l'efficacité de l'homme, elle ne constitue ni un idéal ni une aspiration à la perfection et à l'unité : elle est inhumaine, impersonnelle et, comme tout ce qui est inorganique, elle est utile sur bien des points, mais inapte à nourrir la vie. Si nous la laissons étendre son monopole à l'ensemble des sociétés humaines, nous verrons nos chairs se flétrir et son squelette régner sur une armée d'esprits morts. » Tagore exprimait ainsi ses craintes de manière saisissante : on ne saurait mieux mettre en garde contre les dangers de la science sans conscience.

Déjà important de son vivant, son rayonnement devint immense après sa mort. Encore aujourd'hui, ses compositions sont chantées par tous les Bengalis, quelle que soit leur caste, leur origine sociale ou leur religion. Il écrivait des chansons en hommage à la terre, à l'esprit et à l'espèce humaine, mais aussi aux enfants qui constituent son avenir. Il se servait de la puissance de la poésie pour changer le monde. La création, puis la gestion de ce qu'il appelait « l'école du poète » ou le « havre de paix » à Shantiniketan l'occupa pendant une grande partie de sa vie. « J'ai fondé cette école pour répondre à un puissant désir de liberté, expliqua-t-il. Mais qu'est-ce que la liberté ? L'homme se sent parfaitement libre lorsqu'il vit en parfaite harmonie avec le monde qui l'entoure, une harmonie qui se conquiert de toute la force de notre être, et non de notre savoir. » Et pour Tagore,

1. Cet ouvrage n'est pas traduit en français.

seul un contact permanent avec la nature peut nous offrir cette qualité d'être et de relation au monde. « Les enfants savent trouver leur liberté dans la nature en apprenant à l'aimer. Car l'amour conduit à la liberté et se confond avec elle : en comblant notre existence, l'amour nous évite d'asservir notre âme à des objets sans valeur ; il éclaire notre monde, l'emplit de sens et nous donne le sentiment que la vie est un festin permanent. »

L'école n'avait pas pour seul objectif de transmettre des connaissances aux enfants : les enseignants cherchaient aussi à éveiller chez eux la sagesse qui émane d'un contact harmonieux avec la nature. C'est pour cette raison que Tagore tenait à faire classe sous un grand arbre. « Vous avez deux professeurs : l'arbre et moi, expliquait-il à ses élèves. Écoutez bien cet arbre, car il vous apprendra à être au monde. » Dans l'un de ses ouvrages, intitulé *A Poet's School* [Une école de poète], Tagore évoque la relation qu'il avait nouée avec les arbres du jardin de son enfance : « Les cocotiers qui poussaient près du mur d'enceinte de notre maison me parlaient du compagnonnage éternel que la grande fraternité des arbres a toujours offert aux hommes. L'invitation de la forêt emplissait mon cœur de mélancolie. » Plus loin, il poursuit : « Ne cherchez pas la liberté dans le monde conçu par la main de l'homme, mais dans les profondeurs de l'univers ; témoignez votre révérence au divin qui réside dans le feu, l'eau et les arbres, dans tout ce qui bouge et qui croît. La création de mon école plonge ses racines dans le souvenir de cette aspiration à la liberté. »

Celui qui veut bien faire frappe à la porte. Celui qui aime trouve la porte ouverte.

Convaincu du caractère divin de l'univers et respectueux de la « fraternité des arbres », Tagore s'opposait farouchement aux tenants de la science moderne, prompts à dépeindre la nature comme le lieu même de la violence et de la sauvagerie : « La littérature occidentale regorge de références au caractère prétendument malveillant de la nature, dans laquelle les Occidentaux eux-mêmes semblent ravis de se découvrir un ennemi pour le seul plaisir de le défier au combat. »

Si les enseignants de Shantiniketan offraient à leurs élèves de multiples occasions d'apprendre et d'enrichir leurs connaissances, Tagore demeurait convaincu que « seuls l'amour et l'action permettent d'acquérir des connaissances parfaites, car le véritable objet du savoir n'est pas la pédanterie, mais la sagesse ».

Il ne souhaitait pas que les élèves de l'école étudient dans le seul but de réussir leurs examens ou d'accumuler des connaissances académiques : favorable à une approche holistique de l'enseignement, il envisageait Shantiniketan comme un laboratoire d'innovation pédagogique. « Je m'efforce d'éveiller chez les élèves de mon école une fraîcheur de sentiment envers la nature, écrit-il dans l'ouvrage qu'il a consacré à l'école, et une plus grande sensibilité dans leurs relations humaines, à l'aide de la littérature, de cérémonies festives, mais aussi d'enseignements spirituels qui les invitent à se rapprocher du monde vivant, obtenant ainsi un bénéfice qui échappe à toute évaluation – tout comme on bénéficie d'un instrument non pas en le possédant mais en jouant de la musique avec lui. J'ai conçu les enseignements comme une véritable fête de bienvenue dans ce monde. Les cours de dessin et de musique se font toujours à l'extérieur, à l'ombre des banians. C'est aussi là que nous organisons les représentations théâtrales et l'ensemble des activités qui sont l'expression de la vie. »

Tagore cherchait à dispenser aux élèves de Shantiniketan une éducation susceptible de prendre en compte « la complétude organique de l'individualité humaine » car, expliquait-il, « l'éducation fait partie intégrante de l'aventure de la vie. Il ne s'agit pas d'infliger aux enfants un traitement médical douloureux destiné à les guérir de leur ignorance congénitale, mais de les accompagner dans leur développement afin qu'ils expriment tout naturellement la vitalité de leur esprit ».

L'école prônait un contact constant avec la nature et développait la sensibilité des élèves grâce à diverses activités manuelles. Les élèves de l'école, précise Tagore, « prennent un immense plaisir à cuisiner, à tisser, à jardiner, à améliorer leur environnement, à se rendre de menus services – souvent de manière secrète, afin de ne pas embarrasser leurs camarades ».

Les multiples projets pédagogiques de Tagore et l'exemple que lui avait fourni l'université de Shantiniketan incitèrent Leonard Elmhirst à fonder une école à Dartington, en Angleterre, dans les années 1930. J'ai moi-même puisé mon inspiration dans les principes pédagogiques de Tagore lorsque j'ai décidé de créer une école alternative à Hartland, dans le Devon, au cours des années 1980 : dans cet établissement, que j'ai baptisé « The Small School », les dimensions académiques, physiques, écologiques et spirituelles bénéficient de la même attention. Si les enfants goûtent à la liberté spirituelle et physique dès leur plus jeune âge, ils pourront construire un monde de liberté pour eux-mêmes et pour autrui lorsqu'ils parviendront à l'âge adulte. L'activisme écologique, social et pédagogique de Tagore constitue un phare qui éclaire la route de ses pèlerins.

Le poète croyait au pouvoir de transformation de la poésie et des arts. Sa conception de l'art s'étendait au-delà de l'art pour l'art, de l'art comme moyen d'expression de soi, ou même de l'art comme pure distraction. Il l'envisageait comme un moyen d'éveiller et de modifier la conscience humaine, d'éclairer les esprits et, surtout, de changer le monde. Ces idées m'ont beaucoup inspiré lorsque j'ai pris la direction éditoriale de la revue *Resurgence*. En mettant mes pas dans ceux de Tagore, j'ai associé la poésie et la politique, l'écologie et l'économie, et accordé au dessin une place prépondérante. L'illustration se glisse partout entre les pages pour accompagner des articles sur des sujets aussi divers que l'énergie renouvelable, l'agriculture, la permaculture, la science, la justice sociale, la philosophie ou la religion – autrement dit : la terre, l'âme et la société.

Pourquoi la lampe s'est-elle éteinte ?

Je l'ai entourée de mon manteau pour la mettre à l'abri du vent ; c'est pour cela que la lampe s'est éteinte.

Pourquoi la fleur s'est-elle fanée ?

Je l'ai pressée contre mon cœur avec amour et inquiétude ; voilà pourquoi la fleur s'est fanée.

Pourquoi la rivière s'est-elle tarie ? J'ai mis une digue en travers afin qu'elle me serve à moi seul ; voilà pourquoi la rivière s'est tarie.

Pourquoi la corde de la harpe s'est-elle cassée ? J'ai essayé de produire une note trop haute pour sa tessiture ; voilà pourquoi la corde de la harpe s'est cassée.

RABINDRANATH TAGORE, poème extrait du *Jardinier d'amour*[1]

La joie est partout – dans le vert du tapis d'herbe qui recouvre la terre, dans la sérénité bleue du ciel, dans la folle exubérance du printemps, [...] dans le fait même de vivre, dans l'exercice de nos pouvoirs, dans l'acquisition du savoir, dans le combat contre le mal, dans celui qui meurt pour des trésors qu'il ne pourra jamais partager : oui, la joie est partout ! Et quelle joie de percer la vérité de l'unicité, l'unicité de notre âme avec le monde et dans le monde, une seule et même âme avec le Seigneur !

RABINDRANATH TAGORE

MARCHE SEUL

S'ils ne répondent pas à ton appel, marche seul
Marche seul, marche seul
S'ils ne répondent pas à ton appel, marche seul
S'ils ne te répondent pas,
S'ils ont peur et détournent le regard
S'ils ont peur et se cachent visage au mur
Ô toi le malchanceux
Ouvre ton cœur et trouve les mots
Parle haut et fort
S'ils ne répondent pas à ton appel, marche seul
S'ils se détournent et t'abandonnent dans le désert
Ô toi le malchanceux
Foule les épines sur ton chemin
Et trace seul ta voie ensanglantée
S'ils ne répondent pas à ton appel, marche seul
S'ils ne t'offrent pas une lanterne
quand l'orage déchire la nuit
S'ils ferment leurs portes

1. Traduit de l'anglais par H. Mirabaud-Thorens, coll. « Poésie », Gallimard, 1980.

Ô toi le malchanceux
Avec la foudre de ta douleur allume ton propre cœur
Et laisse-le seul t'éclairer de son feu
Marche seul, marche seul
S'ils ne répondent pas à ton appel.

Rabindranath Tagore

5

La tête, le cœur et les mains

La vision qu'avait Tagore de l'enseignement et de la pédagogie, l'importance qu'il accordait à la transmission de valeurs universelles dans le cadre d'une éducation holistique, m'ont profondément marqué, je l'ai évoqué au chapitre précédent. Je souhaite y revenir plus longuement ici, afin d'expliquer en quoi l'exemple de Tagore m'a inspiré lorsque j'ai été amené à fonder une école dans la région où j'habite, en Angleterre.

Il y a quelques années, j'ai eu l'honneur d'être invité à donner une conférence à la London School of Economics (LSE). Le jour dit, un professeur est venu m'accueillir dans le hall. Nous avons discuté un moment, évoquant le contenu des cours et les différents diplômes auxquels ils se préparaient.

« Y a-t-il un département spécialisé dans l'enseignement de l'écologie ? ai-je demandé.

— Nous couvrons certains sujets liés à l'environnement dans le cadre de cours liés à l'économie durable, mais nous ne disposons pas d'un véritable département consacré à l'étude de l'écologie, répondit le professeur.

— Vous savez certainement que le terme "économie" vient du grec *oikonomia*, qui signifie "gestion de la maison", et que celui d'écologie, issu lui aussi du grec *oikos*, désigne la "connaissance de la maison". Comment pouvez-vous gérer quelque chose que vous ne connaissez pas ? demandai-je sur le ton de la plaisanterie. Rendez-vous compte : la LSE envoie chaque année des centaines de diplômés dans le monde entier pour gérer une "maison" dont ils ignorent tout. Pas étonnant que l'économie mondiale soit en crise !

— Notre école s'adresse surtout à ceux qui souhaitent se spécialiser en sciences économiques et politiques. L'écologie est une discipline assez récente, consacrée à l'étude des espèces animales et végétales, alors que la LSE se consacre à l'analyse des institutions humaines.

— Dans ce cas, peut-être devriez-vous envisager de changer le nom de l'école ? Vous pourriez l'appeler la "LSEE" – la London School of Ecology and Economics ! »

Le professeur a souri, visiblement amusé. L'heure de la conférence approchait. Les étudiants et les chargés de cours avaient pris place dans le grand amphithéâtre. Je suis monté sur l'estrade et j'ai entrepris de leur expliquer pourquoi, d'après moi, l'économie dépend entièrement de l'écologie – raison pour laquelle il me paraissait urgent de rebaptiser la LSE.

Comme nous l'avons vu précédemment, le suffixe « éco » est issu du grec ancien *oikos* (prononcé « ékos ») qui signifie à la fois la « maison » et la « maisonnée », le lieu où nous vivons et l'endroit où nous entretenons des relations avec autrui. En ce sens, notre maison ne se limite pas au bâtiment où nous dormons, où nous mangeons et où nous prenons soin de notre famille.

Pour les philosophes grecs, la notion de maisonnée s'étend bien au-delà de nos quatre murs : elle comprend notre voisinage, notre ville, notre pays, notre continent et même la planète entière. Car toutes les espèces qui vivent sur la Terre sont liées entre elles. Nous sommes faits de la même matière et nous avons évolué ensemble. L'étude de nos relations et de nos liens réciproques constitue ce que nous appelons l'« écologie ». Malheureusement, la plupart des universités ont réduit le sens de ce terme à l'étude de certaines espèces : rares sont les formations qui offrent aux étudiants l'occasion d'appréhender la connaissance de notre planète dans sa globalité et de percevoir l'interdépendance des êtres qui la peuplent.

Quant à l'économie, elle se limite désormais à l'étude des marchés financiers, des transactions, du commerce, de nos modes de production et de consommation. Il n'en a pas toujours été ainsi. Les études d'économie reposaient autrefois sur l'examen de trois facteurs de production jugés fondamentaux : la terre, le travail et le capital.

Abordée en premier, la terre constituait la base des sciences économiques. Les enseignants évoquaient la nature et l'ensemble des ressources qu'elle nous offre : la « gestion de la terre » passait par l'étude des forêts, des fleuves, des végétaux, des minéraux, des animaux, et de nos relations avec chacun d'eux.

Les étudiants apprenaient alors à user des ressources naturelles avec parcimonie, à prendre soin de la terre et de ses innombrables présents. Aujourd'hui, les tenants de l'économie libérale envisagent la terre comme une simple commodité, un moyen parmi d'autres de faire du profit. L'agriculture a changé de cap : devenue une véritable industrie, elle ne sert plus seulement à produire des céréales, des fruits et des légumes pour nourrir la population. Elle doit conquérir toujours plus de marchés et dégager toujours plus de bénéfices. De gigantesques fermes ont vu le jour, la monoculture s'est développée à grande échelle, les semences génétiquement modifiées ont été imposées d'un bout à l'autre de la planète. Le cours des principales céréales fluctue au gré d'un marché mondialisé, contraignant parfois les agriculteurs à brûler leurs récoltes pour maintenir des prix décents. Peut-on encore parler d'agriculture, dans ces conditions ? Et qui oserait prétendre que nous « prenons soin » de la terre ?

Le travail – autrement dit : les forces de travail – constituait traditionnellement le deuxième pilier des sciences économiques. Les enseignants invitaient leurs étudiants à apprécier l'importance des compétences, de l'ingéniosité, de la créativité et de la motivation de chaque travailleur impliqué dans une entreprise ou une organisation saine et efficace. Les jeunes gens se formaient à l'artisanat et bénéficiaient d'une solide expérience professionnelle grâce à plusieurs mois d'apprentissage. Les travailleurs étaient fiers d'appartenir à la classe ouvrière, et certaines grandes entreprises anglaises, comme Cadbury's ou Rowntree's, veillaient à ce que leurs employés bénéficient d'un bon logement, de bons soins médicaux et de bonnes écoles pour leurs enfants.

La situation a considérablement changé depuis la Seconde Guerre mondiale. Comme la nature, la force de travail n'est plus qu'un instrument destiné à accroître les profits de l'entreprise. Dès que décroît l'utilité ou la rentabilité des travailleurs, ils sont renvoyés ou licenciés.

Le capital, troisième pilier des sciences économiques, joue bien sûr un rôle essentiel, mais il ne doit pas empiéter sur les deux précédents : cité en troisième position, il n'a pas vocation à dominer la totalité du système économique.

Les écoles de commerce bénéficient d'importants financements et jouissent d'un grand prestige auprès des étudiants du monde entier. Jugées moins importantes et nettement moins financées, les sciences de la terre, de la nature et de l'environnement ont la réputation d'attirer de doux rêveurs empêtrés dans un idéalisme naïf.

En fait, c'est l'économie qui est au service de l'écologie, et non l'inverse. Si l'économie mondiale est en crise, c'est parce que l'écologie elle-même est en crise : nous épuisons les ressources naturelles ; nous emplissons l'atmosphère d'une telle quantité de dioxyde de carbone et autres gaz à effet de serre que la stabilité climatique s'en trouve sérieusement menacée ; les poissons disparaissent dans nos océans gorgés de plastique. Notre civilisation se résume à trois mots : gaspillage, gaspillage et gaspillage. La dette mondiale, le chômage et la pauvreté résultent, eux aussi, d'une mauvaise gestion des ressources naturelles. Si nous parvenions à restaurer l'harmonie entre l'économie et l'écologie, à instiller davantage d'éthique et d'équité dans nos relations avec la nature, nous serions enfin en mesure de promettre un avenir stable, solide et durable à l'humanité et à la planète.

En acceptant de se rebaptiser « London School of Economics and Ecology », la LSE prouverait sa capacité à élargir sa vision du monde, échappant ainsi à la conception actuelle, bien trop réductrice, de la gestion financière et de l'administration des entreprises.

La plupart des universités et des centres de formation n'ont qu'un objectif : amener les étudiants à réussir leurs examens afin qu'ils puissent décrocher de « bons » boulots. L'enseignement supérieur ne cherche plus à préparer de jeunes adultes à entrer dans la vie en les dotant de compétences pratiques, en les encourageant à développer leur créativité et leur imagination : il a pour unique mission de leur faire gagner de l'argent. Une telle dégradation me navre. N'est-il pas temps de redonner leurs lettres de noblesse à nos missions éducatives ?

Pour moi, l'enseignement n'a de sens que s'il permet à chaque élève d'exprimer pleinement son potentiel. L'âme recèle des trésors d'intelligence et de créativité. Tout comme l'arbre est en germe dans la graine, l'intelligence et la sagesse sont en germe dans l'âme d'un enfant. Le forestier n'a pas besoin de planter l'arbre dans la graine : son travail consiste à nourrir la graine afin d'aider l'arbre à en sortir. De même, le travail de l'enseignant ne se limite pas à « planter » des connaissances dans l'âme de ses élèves comme s'ils étaient des tonneaux vides attendant d'être remplis d'informations. Il doit observer chaque enfant, identifier son potentiel et l'aider à mieux l'exploiter.

Nul ne peut réellement étudier l'écologie ou l'environnement en lisant un manuel, en regardant un film ou en surfant sur internet. Le seul moyen de comprendre la nature, c'est d'en faire l'expérience – autrement dit : de s'immerger en elle pour apprendre à son contact. La démarche qui consiste à apprendre des informations *sur* la nature en fait un objet d'étude et de recherche, et donc, bien souvent, d'exploitation. Je pense notamment à l'ingénieur britannique Francis Bacon, qui étudiait la nature pour lui voler ses secrets afin que les hommes puissent mieux la contrôler et l'utiliser à leur profit. Si nous nous efforcions d'apprendre *de* la nature, nous cesserions de la considérer comme un objet. En l'observant, nous nous laisserions gagner par un profond sentiment de révérence envers sa beauté et son infinie complexité.

Le meilleur moyen d'établir de bonnes relations avec la nature, de l'apprécier et de la respecter dès le plus jeune âge consiste à emmener nos enfants au cœur d'un espace naturel préservé. Là, ils pourront s'ouvrir au mystère, à la magie et à la majesté de la nature. Actuellement, la plupart des cours sont dispensés aux enfants et aux étudiants entre quatre murs, sous une lumière artificielle, dans des bâtiments modernes équipés d'air conditionné, au cœur de villes et de métropoles envahies par la circulation. Ne serait-il pas préférable de construire nos universités et nos écoles à la campagne ou dans les bois ? De troquer les voitures et les rues embouteillées contre de grands arbres, des étangs et des animaux ? Les élèves devraient avoir la possibilité de se promener, de réfléchir, d'apprécier et de célébrer la nature. Aidés de leurs professeurs, ils pourraient, s'ils le souhaitaient, faire pousser des légumes, des fruits et des fleurs, et entretenir un verger ou une forêt en plus de leurs études académiques et théoriques. Ils se libéreraient ainsi d'un mal qui les frappe quasiment tous : le déficit d'attention envers la nature.

Nous assistons actuellement à un désir croissant, chez les parents comme chez les enseignants, d'ouvrir des écoles « à la campagne », afin que les enfants puissent jouer dans les bois ou dans les prés lors des récréations et des activités sportives. Bien que louables, ces projets demeurent cependant réservés aux élèves des écoles primaires. Il est rare que des collégiens, a fortiori des lycéens, bénéficient d'un tel environnement. Tout juste sont-ils invités, pour de courtes périodes de temps et de manière exceptionnelle, à participer à des activités de plein air. Nos adolescents savent reconnaître les logos de leurs marques préférées, mais rares sont ceux qui savent distinguer un chêne d'un frêne, un grain de blé d'un grain d'orge, et une campanule d'une primevère.

Emmenez vos enfants au cœur d'un espace naturel préservé. Là, ils pourront s'ouvrir au mystère, à la magie et à la majesté de la nature.

Notre système éducatif s'est toujours attaché à enseigner les trois « R » : lecture, écriture et arithmétique. Si vous êtes incapable de lire l'étiquette collée sur un paquet de biscuits, vous serez qualifié d'analphabète et regardé de travers, mais si vous ne savez rien des oiseaux, des arbres, des fleurs ou de la biodiversité, vous pouvez dormir tranquille : personne ne vous mettra au ban de la société. Vous détenez une licence, un master, et même un doctorat tout en étant foncièrement inculte en matière d'environnement ? Ne vous inquiétez pas : on ne vous reprochera rien. En revanche, les membres de certaines communautés indigènes, les paysans, les bergers, les nomades et les *bushmen* australiens, tous détenteurs de connaissances approfondies en naturopathie, climatologie et éthologie, sont considérés comme des sauvages dès lors qu'ils ne savent ni lire ni écrire. Il me semble important de remettre en question cette prévalence des trois « R » dans l'éducation de nos enfants. C'est une des raisons qui m'ont incité à fonder une école, The Small School, à Hartland, dans le Devon.

Une bonne éducation est celle qui vous aide à découvrir qui vous êtes afin de faire émerger votre vraie personnalité.

Quand nous avons ouvert l'école, j'ai annoncé aux élèves qu'ils apprendraient à faire du pain, à planter des choux et des concombres avant d'aborder la théorie de l'évolution et le théâtre de Shakespeare. « J'ai beaucoup de respect pour les sciences naturelles et la poésie, mais elles ne peuvent pas et ne devraient pas se substituer à la découverte de la vie – et surtout, de son mode d'emploi. Nous avons tous besoin de nous alimenter, mais combien d'entre nous savent faire pousser et cuisiner des légumes ou des céréales ? Nous désirons tous habiter un bel intérieur, mais nous sommes de moins en moins nombreux à savoir construire une maison. Nous souhaitons tous gagner de l'argent, mais rares sont ceux qui ont appris à respecter et à honorer leur prochain. Les enseignants et les parents ont perdu le sens de la globalité et de l'unicité : les principes et les valeurs éducatives sont disparates et peu reliés les uns aux autres. Pour rétablir une forme de cohérence, nous vous proposerons de faire travailler votre tête, votre cœur et vos mains – autrement dit : de développer votre aptitude à réfléchir, à ressentir et à construire. Il n'y a rien de mal à étudier les trois "R", mais il ne faut pas s'en contenter. Une bonne éducation est celle qui vous aide à découvrir qui vous êtes afin de faire émerger votre vraie personnalité. »

Le système éducatif actuel consiste à tout miser sur la tête, peu sur le cœur et rien sur les mains. Les dirigeants politiques de nos pays tiennent à préparer nos enfants à l'économie du savoir en leur apprenant à maîtriser les technologies de l'information dès l'école primaire. Ils semblent persuadés que le cerveau est le maître mot de l'enseignement ; c'est à lui que doivent s'adresser les enseignants afin de le remplir de compétences et de connaissances utiles. L'école n'a qu'un seul but : préparer les enfants à la compétition qui les attend dans un monde gouverné par de puissantes corporations, des banques, des administrations et des institutions financières. Résultat : les étudiants qui sortent des grandes écoles et des universités ne savent rien construire, façonner, planter, cuisiner ou réparer. Et pourquoi s'en soucieraient-ils ? Ce genre d'activités manuelles ne les concerne pas : elles sont prises en charge au Vietnam, en Chine, au Maroc ou ailleurs par des paysans et des ouvriers dénués d'instruction.

Quelle sorte d'avenir sommes-nous en train de préparer pour les générations futures ?

Notre passé colonial et la perspicacité avec laquelle nous gérons nos capitaux nous permettent de bénéficier, pour le moment, d'une excellente qualité de vie, mais sur le long terme, l'économie du savoir et les technologies de l'information ne suffiront plus à assurer notre bien-être et la stabilité de la société : il nous faudra mobiliser des compétences manuelles, tout en redonnant leur dignité aux artisans, aux petits producteurs, aux créateurs, aux constructeurs et aux ouvriers – en espérant qu'il en demeure quelques-uns. Pour l'heure, la civilisation moderne semble s'attacher à les faire disparaître au profit d'une armée de consommateurs guidés par une même fièvre acheteuse.

Toute école ou université bien conçue devrait disposer de cuisines équipées et ouvertes à tous, afin que les élèves et leurs professeurs puissent préparer leurs repas ensemble. Cuisiner et partager des mets sains, nourrissants et savoureux favorise la construction d'une communauté. Or, chaque école devrait être une communauté d'étudiants et de professeurs. Faisons de nos universités des communautés d'apprenants, pas des usines à savoirs froides et impersonnelles !

La plupart des plats proposés dans les cantines scolaires ou les restaurants universitaires sont fabriqués à grande échelle et livrés tout prêts dans les établissements. Fades et peu appétissants, ils sont souvent dédaignés par les élèves et jetés à la fin des repas. Loin d'être transformés en compost pour enrichir les potagers (inexistants) des écoles, ces déchets alimentaires sont brûlés, entassés ou enfouis dans des décharges publiques, et génèrent des gaz à effet de serre. Quant aux étudiants, un grand nombre d'entre eux n'a pas appris à faire la cuisine. Ceux qui vivent seuls, en résidence universitaire ou en colocation, se contentent souvent de plats surgelés à bas prix achetés au supermarché du quartier. Pas étonnant que nous dépensions des millions, chaque année, pour renflouer nos systèmes de Sécurité sociale ! Les sociétés occidentales souffrent d'un nombre croissant de pathologies liées à l'obésité et aux maladies cardiovasculaires, sans parler des troubles mentaux, psychologiques et émotionnels qui affectent une grande partie de la population. En Grande-Bretagne, grâce à Jamie Oliver, les pouvoirs publics se sont enfin penchés sur la qualité des repas distribués dans les cantines, mais les enseignants et les parents demeurent tellement obnubilés par le niveau et la réussite scolaires des enfants que le contenu de leurs assiettes passe au second plan.

Dans leur immense majorité, les intendants des établissements scolaires semblent avoir pour unique souci de nourrir les élèves le moins cher et le plus rapidement possible afin qu'ils puissent retourner en classe à l'heure dite. Ne serait-il pas préférable d'y consacrer plus de temps et de moyens, et d'accorder enfin à l'alimentation et à la préparation des repas la place qu'elles méritent dans l'éducation de nos enfants ?

Au lieu de quoi, certaines cantines scolaires et de nombreuses cafétérias universitaires servent salades, soupes et parts de tartes dans de la vaisselle jetable, comme si manger avec des couverts en plastiques dans des assiettes en polystyrène témoignait d'une gestion efficace, économique et innovante. Peut-on imaginer pire dévoiement de ces concepts ? Quelle pitoyable dérive du vivre ensemble ! Les repas pris à l'école devraient constituer un temps fort de partage, de rassemblement et d'hommage aux fruits de la nature. Nous en sommes loin, hélas. Les élèves déjeunent vite et sans plaisir. Ils remplissent de pizzas leur estomac comme on remplirait un réservoir d'essence.

Toute école digne de ce nom devrait aussi considérer la cuisine et le réfectoire comme des salles de classe. Les enfants ont tant à découvrir ! En termes éducatifs, cuisiner n'est pas une perte de temps, au contraire. Délaissant cahiers et tableau noir, les élèves apprendraient à faire usage de leurs mains en épluchant des légumes, en pétrissant du pain ou en faisant la vaisselle.

Nos établissements scolaires sont tous pourvus d'une cour de récréation, mais combien d'entre eux disposent d'un terrain où faire pousser des fruits, des légumes et des fleurs ? La création d'un potager dans les écoles primaires, les collèges et les lycées devrait être obligatoire – tout comme la présence, au sein de l'équipe enseignante, de professeurs de jardinage. On devrait apprendre aux enfants à planter des salades comme on leur apprend à résoudre un problème de mathématiques ou à conjuguer un verbe à tous les temps. La terre n'est pas sale. Il faut rendre sa dignité au travail manuel et sa noblesse à l'agriculture. D'autant qu'il est excellent pour la santé de travailler en plein air ! Les élèves d'aujourd'hui passent trop de temps enfermés entre les quatre murs d'une salle de classe. Ils finissent par s'ennuyer, deviennent agités et turbulents. Pourquoi ne pas faire classe à l'extérieur – au moins une fois par jour, si ce n'est plus ? Nos gouvernements souhaitent tous « réformer le système scolaire » : nos ministres de l'éducation s'attaquent aux rythmes, aux méthodes d'évaluation, au recrutement des enseignants, au financement et à l'administration des établissements, mais aucun d'eux n'a pensé à rendre le jardinage obligatoire ! Ce serait pourtant le meilleur moyen de combler la véritable faille d'un système éducatif désormais archaïque, dans lequel nos enfants n'ont guère l'occasion de se montrer créatifs, de construire, de planter et de faire pousser. Le potager ne fournit pas seulement des fruits et des légumes : il transmet également du savoir et des connaissances pratiques. En classe, les élèves reçoivent beaucoup d'informations, un peu de savoir et très peu de connaissances pratiques. En revanche, lorsqu'ils sont dans le potager, occupés à travailler de leurs mains en compagnie de leurs camarades et de leur professeur – comme dans la cuisine, d'ailleurs –, ils reçoivent en même temps un savoir théorique et des connaissances pratiques.

Pourquoi sommes-nous enclins à accorder plus de respect au travail d'un commerçant ou d'un employé de banque qu'à celui d'un cuisinier ou d'un jardinier ? Peu tentés par ces professions dévalorisées, les jeunes Européens ont pourtant du mal à trouver un emploi. Nombre d'entre eux ne pourraient-ils pas s'épanouir dans ces secteurs délaissés ?

La plupart des étudiants britanniques, allemands, espagnols ou français ont appris à travailler dans un bureau. Et je ne parle pas seulement des comptables ou des informaticiens : les médecins, les avocats, les enseignants et les chercheurs passent eux aussi leurs journées entre quatre murs ! Y a-t-il assez de « bureaux » en Europe pour qu'ils trouvent tous un emploi ? Certainement pas. Voilà pourquoi je milite pour que nos enfants apprennent à travailler avec leurs mains aussi bien qu'avec leur tête. La primauté accordée aux matières académiques favorise la dépendance de nos sociétés envers des biens de consommation produits à l'autre bout du monde, puis acheminés sur le vieux continent par avion ou par bateau. La consommation d'énergie fossile associée au fret de marchandises ne cesse d'augmenter, alors même que les ressources gazières et pétrolières sont vouées à se tarir. Que ferons-nous quand nous n'aurons plus de pétrole et que nous aurons perdu la capacité de fabriquer et de produire des biens courants ?

Même sans envisager le pire, il me paraît nécessaire de souligner la valeur intrinsèque du travail manuel. En jardinant, en bricolant ou en fabriquant un objet de vos mains, vous assurerez votre autonomie économique et prendrez part au cycle naturel de la vie. Et vous puiserez dans ces activités une satisfaction profonde, essentielle au respect et à la réalisation de soi.

À mon sens, les écoles et les universités devraient toutes intégrer le travail manuel dans leur cursus : le jardinage et la cuisine, mais aussi le travail du bois, de l'argile, de la pierre, de la laine et d'autres matériaux utiles à la fabrication d'objets, de mobilier ou de vêtements. Notre système éducatif valorise essentiellement l'apprentissage des idées, des théories, des concepts. Or, sans pratique, la meilleure des théories reste cantonnée à l'intérieur de nos crânes. Nous avons besoin de faire usage de nos mains pour donner du sens à notre vie quotidienne. L'énergie humaine n'est-elle pas la plus importante source d'énergie renouvelable de la planète ?

Lorsqu'il s'agit d'énumérer les différentes sources d'énergie renouvelable, les écologistes citent le vent, l'eau et le soleil, mais rarement notre force musculaire. Nous sommes pourtant près de huit milliards sur cette planète ! Bien qu'abondante, l'énergie humaine est souvent inexploitée, négligée ou dédaignée. Si nos écoles et nos universités expliquaient à leurs élèves comment utiliser leur énergie musculaire pour fabriquer de l'électricité et l'utiliser avec modération, notre système économique serait moins dépendant des énergies fossiles. N'est-il pas réjouissant de penser que le travail manuel nous maintient en bonne santé, nous rend heureux et nous permet d'économiser de l'énergie ? À l'heure où nous sommes invités à modifier notre mode de vie afin d'interrompre le réchauffement climatique et de nous préparer à la raréfaction des énergies fossiles, ne serait-il pas judicieux de se tourner vers des sources d'énergie plus locales, plus individuelles et parfaitement renouvelables ? Or, quoi de plus renouvelable que l'énergie humaine ? Multiple et inépuisable, elle dépend cependant de notre alimentation. Aussi faut-il l'employer en priorité dans nos champs et nos potagers : plus nous ferons pousser de légumes, de fruits et de céréales, plus nous augmenterons nos réserves d'énergie humaine. Créer un jardin potager dans chaque école n'est donc pas une idée fantaisiste, mais un impératif en matière d'économie durable.

N'est-il pas réjouissant de penser que le travail manuel nous maintient en bonne santé, nous rend heureux et nous permet d'économiser de l'énergie ?

Penchons-nous à présent sur l'éducation du cœur. Qu'appelle-t-on les qualités de cœur ? Si chacun les définit à sa façon, nous nous accordons généralement à dire qu'une personne détentrice de telles qualités sait se montrer respectueuse, reconnaissante, généreuse, attentive et affectueuse ; elle ne craint ni ses émotions ni ses sentiments ; elle parvient à gérer ses angoisses et ses doutes sans peser sur son entourage. À l'école, les instituteurs n'ont pas le temps d'inviter leurs élèves à développer ces qualités. Pourtant, il est aussi important de savoir accueillir ses émotions que d'apprendre le français, les mathématiques, l'histoire et la physique. À l'âge adulte, certains d'entre nous en savent plus sur Darwin et Descartes, Molière et Marx, Shakespeare et Charlemagne que sur la manière de se comporter en société, en couple ou envers la nature ; ils ne sont pas enclins au respect, à la compassion ou à la gratitude, et ne cherchent pas à protéger la terre, les animaux, les forêts, ni même les hommes, des dangers qui les menacent.

Notre incapacité à enseigner les qualités de cœur constitue un grave manquement à nos devoirs d'éducateurs. Pour y remédier, il faudrait inciter l'école à faire sa révolution – rien de moins. Elle devrait remplacer les trois « R » (la lecture, l'écriture et l'arithmétique) par la tête, le cœur et les mains. Ce ne serait pas une révolution complexe ni violente : il suffirait d'un changement dans l'ordre des priorités pour que l'éducation dispensée à nos enfants soit enfin complète, polyvalente et holistique. En mettant l'accent sur la tête, le cœur et les mains, nous ferions un grand pas vers le bien-être de chacun, mais aussi de chaque communauté, de chaque pays et de la planète tout entière.

La primauté donnée aux trois « R » favorise l'émergence d'une culture de la compétition, de l'ego et de la quête de soi entre les élèves. Si l'enseignant accordait une importance égale à ce que ses élèves font avec leur tête, avec leur cœur et avec leurs mains, il développerait au sein de sa classe une culture de l'entraide, de la coopération et de la solidarité. Car nos cœurs s'ouvrent et nos mains se tendent vers autrui et vers la nature.

L'histoire de Satyakam

Apprendre à travailler avec sa tête, son cœur et ses mains constitue l'un des grands principes pédagogiques mis en place par Rabindranath Tagore dans ses écoles. Il veillait également à ce que les élèves apprennent *de* la nature et non *sur* la nature. Il faisait classe dehors, sous les arbres, comme les anciens sages indiens, qui aimaient rassembler leurs disciples dans la forêt ou au sommet des montagnes.

L'une des histoires les plus connues mettant en scène l'un de ces sages figure dans la *Chandogya Upanishad*, texte fondateur de l'hindouisme composé aux alentours du VIe siècle avant J.-C.

En des temps très anciens, un jeune garçon nommé Satyakam entendit parler d'un guru très réputé, appelé Rishi. Respecté pour son érudition comme pour sa sagesse, il n'acceptait qu'un petit nombre d'élèves et leur consacrait toute son attention.

Satyakam désirait ardemment bénéficier de l'enseignement de Rishi. En se renseignant, il apprit que le grand maître lui poserait les questions suivantes lors de leur rencontre : Qui es-tu ? Quelle est ta lignée ? Qui sont ton père et ta mère ? Que souhaites-tu étudier et pourquoi ?

Satyakam fut soulagé. Il avait le sentiment de pouvoir répondre à toutes les questions, sauf une : il ne savait pas qui était son père. Il alla trouver sa mère et lui dit : « Un professeur très renommé fait classe dans la forêt. C'est le seul maître auprès duquel je souhaite étudier, mais on m'a dit qu'il voudrait connaître le nom de mon père. Alors, mère, peux-tu me dire qui est responsable de ma naissance ? »

La mère de Satyakam rougit, visiblement embarrassée, mais elle désirait beaucoup, elle aussi, que son fils aille étudier auprès du grand maître afin de devenir un homme habile et sage. Aussi accepta-t-elle de lui répondre. « Mon petit, dit-elle, j'étais servante dans ma jeunesse. J'ai travaillé pour de nombreux hommes. Malheureusement, je ne sais pas lequel d'entre eux est responsable de ta naissance. En revanche, je sais que mon nom de famille est Jabala. Va trouver le grand professeur et dis-lui que tu t'appelles Satyakam Jabala. »

Muni de cette réponse, Satyakam se rendit dans la forêt. Le guru vivait près d'un étang couvert de fleurs de lotus, à l'ombre des grands salas, des manguiers et des tecks, dans une cabane en bambou simple mais élégante, au toit de chaume parsemé de tendres courgettes.

« Bienvenue, jeune homme, dit Rishi en voyant arriver Satyakam. Que viens-tu chercher ici ?

— C'est vous que je cherche, Maître. J'aimerais apprendre de vous et me mettre à votre service. »

Le professeur l'invita à s'asseoir sur une natte en paille, près de l'étang aux lotus, et lui offrit de l'eau fraîche dans un bol en terre cuite.

« Es-tu prêt à vivre dans cette forêt, loin de ta mère et de tes amis ? demanda-t-il.

— Oui, Maître. Devenir votre élève est mon plus cher désir.

— Pourquoi as-tu une telle soif de connaissances ?

— Je veux m'approcher de Brahman et découvrir qui je suis.

— Qui est ton père ? Quelle est ta lignée ?

— Quand j'ai demandé à ma mère qui était mon père, elle m'a répondu qu'elle avait travaillé pour de nombreux hommes lorsqu'elle était jeune. Elle ne sait malheureusement pas qui est mon père, mais son nom de famille est Jabala. Aussi m'a-t-elle suggéré de me présenter à vous sous le nom de Satyakam Jabala. »

La voix du jeune garçon était empreinte d'innocence et de pureté. Il était parfaitement sincère.

« Tu dis la vérité. Seul un enfant né d'un bon père et d'une bonne mère peut être aussi franc. Ton désir d'apprendre est pur et sincère, lui aussi. J'accepte dès à présent de te prendre comme élève. »

Satyakam fut empli de joie. Il se pencha et posa son front sur les pieds de son professeur en signe de gratitude.

« Tu vois cette plantation de manguiers ? demanda ce dernier en désignant le verger. De l'autre côté, tu trouveras neuf vaches et un taureau. Emmène-les dans la forêt et prends soin d'eux. Quand ces dix animaux auront fait des petits et que le troupeau comptera cent vaches, tu pourras revenir. Ce sera ta première leçon.

— Je ferai ce que vous me demandez », assura Satyakam en se levant.

Le jeune garçon partit aussitôt après avoir reçu la bénédiction du guru. Il trouva les vaches et le taureau à l'endroit indiqué, et les mena dans la forêt. Il commença par se familiariser avec les baies, les fruits et les racines susceptibles de le nourrir. Il apprit aussi à apprécier les différentes saveurs, les senteurs et la variété de ce type d'alimentation. Il s'aperçut que les vaches savaient mieux que lui ce qu'il fallait manger et ne pas manger, à quel moment de la journée s'alimenter et à quel autre se reposer. Il devint l'ami des biches et des singes ; il se prit de passion pour les oiseaux de toutes tailles, aux couleurs vives et au chant mélodieux. Enthousiasmé par cette nouvelle vie, il perdit la notion du temps ; il cessa de penser à sa mère et à ses anciens camarades. Les habitants de la forêt formèrent sa nouvelle famille. Il se fabriqua une flûte en bambou et parvint à imiter le chant des oiseaux avec tant de talent que les vaches prirent l'habitude de se masser autour de lui pour l'écouter. Son troupeau pour seul compagnon, il traversa de grandes vallées, gravit des collines et s'engagea dans des forêts vierges de tout sentier. Il cessa de craindre la nature et la solitude. Saison après saison, son cheptel augmentait. Le temps passait rapidement, sans qu'il ait besoin de compter les mois et les années ; tout juste remarquait-il le changement de saison et de paysage. Il appréciait particulièrement les orages et la mousson, promesses de fruits abondants et savoureux.

Une longue période s'écoula ainsi, échappant à toute mesure. Un jour, alors qu'il se tenait à l'ombre d'un teck, sa flûte à la main, en compagnie de son troupeau réuni pour l'écouter, l'un des animaux prit la parole.

« Je suis la centième vache, dit-elle, née il y a peu. L'heure est venue pour toi comme pour nous de retourner vers notre maître. Avant de partir, je veux te parler de Brahman, source de l'énergie implicite et explicite de l'univers. »

Satyakam était stupéfait. Une vache souhaitait lui donner une leçon sur Brahman ?

« D'accord, dit-il. Apprends-moi qui est Brahman et où il se trouve.

— Brahman est l'est, l'ouest, le nord et le sud, répondit la génisse. Partons, à présent. Demain, le feu t'en apprendra plus sur Brahman. »

Satyakam acquiesça, empli d'humilité, de respect et de gratitude. Les vaches et lui se mirent en route, prêts à regagner la forêt où vivait le guru.

Le lendemain soir, ils s'installèrent au sommet d'une colline pour passer la nuit. Satyakam ramassa du petit bois et alluma un feu de camp. Comme il contemplait ses vaches, heureux de les voir si nombreuses, si détendues et bien portantes, la déesse du feu surgit devant lui.

« Satyakam, dit-elle, je te félicite : tu as su vivre en bonne entente avec les arbres et les animaux de la forêt. Pour te remercier, je vais te dire un secret sur Brahman. »

Là encore, le jeune homme fut surpris, mais il se ressaisit et répondit avec le plus grand sérieux à Agni, la déesse du feu. « Je t'en prie, dis-moi qui est Brahman et où il se trouve !

— Brahman se trouve dans les animaux, les oiseaux, les insectes. Brahman est tout autour de toi. Demain, un cygne t'en dira plus. »

Le cœur de Satyakam se gonfla de joie. La génisse et le feu lui avaient transmis de grandes connaissances sur Brahman. Il dormit profondément cette nuit-là. Son troupeau aussi. Le lendemain, ils traversèrent une forêt, gravirent et descendirent des collines et s'engagèrent dans une vallée où coulait une rivière. Le soir tombait quand ils parvinrent devant un lac. Le ciel s'embrasait comme si l'on avait peint les nuages. Satyakam avait rarement vu de telles couleurs et une si belle lumière. Debout face au lac, il contemplait le tableau avec ravissement. Le ciel s'assombrit lentement et les nuages se teintèrent d'un bleu profond. Satyakam demeura immobile, les yeux rivés sur l'horizon. La nuit tombait. Le soleil dardait ses derniers rayons sur le lac avant de disparaître. C'est alors qu'un cygne s'avança vers lui, fendant l'eau dans la lueur déclinante du jour, comme un diamant blanc sur du velours noir. Satyakam plongea son regard dans celui de l'animal.

« Satyakam, dit le cygne, je viens te révéler une vérité sur Brahman. »

Cette fois, le jeune homme ne fut pas surpris.

« Je t'en prie, répondit-il en souriant, dis-moi qui est Brahman et où il se trouve !

— Brahman est le lac et la rivière ; Brahman est le coucher de soleil, les nuages, la lumière, l'obscurité, les arbres et les collines qui nous entourent. Satyakam, demain, tu rejoindras ton maître. Il t'en apprendra plus sur Brahman. Je te souhaite une bonne nuit. Dors bien, cher voyageur ! »

Sur ces mots, le cygne se fondit dans l'obscurité.

Satyakam se sentait libre et léger. Quelle révélation ! Jamais il n'aurait imaginé qu'une vérité si profonde puisse sortir de la bouche d'un cygne. Il s'allongea à même le sol, replia son bras sous sa tête pour s'en faire un oreiller et s'endormit aussitôt. Il rêva de Brahman et du cygne. L'oiseau était-il Brahman ou son messager ? La réponse lui parvint dans son sommeil : Brahman est le message et le messager. Il n'y a pas de message sans messager, ni de messager sans message.

Le lendemain, les vaches s'engagèrent en premier sur le sentier, et Satyakam les suivit. Il entendit des oiseaux chanter. « Nous sommes Brahman, ils sont Brahman, tout est Brahman ! » répétaient-ils. Puis un souffle de vent vint murmurer à son oreille : « Regarde ! Brahman est devant toi, Brahman est derrière toi, Brahman est au-dessus de toi, Brahman est sous toi. Écoute ! Brahman est tout autour de toi. Continue de marcher. À chaque pas, tu te mêles à Brahman. »

Le guru entendit d'abord un grand martèlement de sabots sur le sol. Puis il perçut une splendide mélodie, jouée à la flûte par un artiste accompli. Enfin, il vit un nuage de poussière monter vers le sommet des manguiers. Alors, il comprit : Satyakam était de retour ! Il prit sa canne et se leva pour aller accueillir son disciple. Déjà, le troupeau approchait. Quelques instants plus tard, il aperçut Satyakam qui marchait derrière ses vaches. Le jeune homme le vit à son tour, s'élança vers lui et se prosterna à ses pieds. Le troupeau de vaches s'arrêta net. Le guru étreignit chaleureusement Satyakam et le félicita de s'être montré si dévoué.

« Tes vaches sont robustes et en bonne santé. Toi aussi. Tu as les yeux brillants, le visage serein. Tu sembles empli de sagesse et de sérénité.

— Grâce à vous et à la bénédiction que vous m'avez donnée, j'ai pu m'installer dans la forêt et en faire ma maison. Les vaches sont devenues mes amies ; les oiseaux et les biches ont été mes frères et sœurs. La génisse, le feu et le cygne m'ont aidé à comprendre où se trouve Brahman. Mais je n'ai pas encore accédé à la connaissance véritable. Aussi suis-je heureux de revenir vers vous pour continuer d'apprendre. Éclairez-moi sur le mystère de Brahman, je vous en prie ! Qui est-il ? Où est-il ? »

Le sage prit Satyakam par la main et le conduisit jusqu'à sa hutte, près de l'étang aux lotus.

« Satyakam, dit-il en l'invitant à s'asseoir, tes yeux brillent de joie. C'est Brahman qui brille dans tes yeux. Ton cœur se gonfle d'amour. C'est Brahman qui gonfle ton cœur. La génisse ne t'a pas menti. Le feu et le cygne non plus. Brahman est en toi et en dehors de toi. Brahman est la vérité, Brahman est l'amour, Brahman est la beauté. Même notre souffle est Brahman. Les millions de noms que nous donnons aux millions de choses sur cette terre se résument en un seul : Brahman. Comprends-tu ? »

Satyakam hocha lentement la tête. Oui, il commençait à comprendre.

« L'univers est entraîné dans la danse du dieu Shiva – un autre nom pour Brahman. Il n'y a pas de séparation entre la danse et le danseur. De même qu'il n'y a pas de séparation entre le créateur et sa création. Chacun de nous est à la fois un créateur et une création. La création est un cycle continu : elle n'a ni début ni fin. Brahman est la naissance et la mort de toutes choses. La naissance et la mort permettent à la vie de se régénérer constamment. Brahman est à la fois la joie et la souffrance. Toutes deux nous rendent plus forts et plus résistants. »

Satyakam sourit. La compréhension véritable entrait à flot dans son esprit. Il avait enfin assouvi son désir de connaissance. Sa tête, son cœur et ses mains étaient en parfaite harmonie.

6

Small is still beautiful

Au cours des chapitres précédents, je me suis attaché à détailler ce que la trinité « terre, âme, société » doit à la philosophie et à la sagesse orientales. L'Occident, en la personne de l'économiste et philosophe britannique d'origine allemande Ernst Friedrich (ou Fritz) Schumacher, a joué un rôle tout aussi essentiel dans l'élaboration de cette trinité : j'en parlerai dans ce chapitre entièrement dédié à cet homme extraordinaire, que j'ai eu l'immense chance de rencontrer. C'était en 1968. Dès notre première conversation, j'ai vu en lui l'incarnation vivante de la pensée holistique que je m'efforçais de promouvoir en Angleterre. Il mettait toute son énergie à expliquer comment les sociétés humaines devaient s'y prendre pour favoriser le bien-être de leurs membres, protéger la nature et récolter les fruits d'une vie spirituelle constamment renouvelée.

E. F. Schumacher défendait l'économie verte avec ferveur. D'après lui, si l'homme produisait à petite échelle partout sur la planète, il conjuguerait à la fois l'excellence et la protection de la nature. A contrario, la production et la consommation de masse, ajoutées au fret à l'échelle mondiale, polluent les sols, l'air et l'eau, dilapident les ressources naturelles et nuisent à la créativité humaine. Armé de cette certitude, Schumacher était parvenu à la conclusion que la petitesse n'est pas seulement belle : elle est essentielle – bien qu'insuffisante – à l'économie, car elle donne à chacun l'occasion d'être spontané, créatif, polyvalent et novateur.

En produisant à petite échelle, les acteurs économiques sont amenés à se montrer plus autonomes, afin d'améliorer les plans et les règles existantes lorsque les circonstances l'exigent. Ils sont aussi plus à même de veiller sur l'environnement, sur eux-mêmes et sur autrui – en d'autres termes, sur la terre, l'âme et la société.

La parution de *Printemps silencieux*[1] en 1962, et l'immense retentissement que connut cet ouvrage consacré aux ravages du DDT, permit à son auteur, la biologiste et écologue américaine Rachel Carson, d'inciter les pouvoirs publics et l'ensemble de ses concitoyens à mieux comprendre et préserver leur environnement naturel.

Dix ans plus tard, l'ONU invita de nombreux chefs d'État à participer à une conférence environnementale, qualifiée par la suite de « Sommet de la Terre ». Organisée à Stockholm en juin 1972, elle plaça pour la première fois les préoccupations écologiques au cœur du débat politique international et permit le lancement d'un vaste plan d'action destiné à mieux protéger la nature et à lutter contre la pollution.

La même année, le Club de Rome publia son premier rapport, intitulé *Halte à la croissance ?*, véritable manifeste contre la consommation effrénée des ressources naturelles et la transition vers une économie plus respectueuse de la planète.

Tout ceci allait dans le bon sens.

> La petitesse est essentielle à l'économie, car elle donne à chacun l'occasion d'être spontané, créatif, polyvalent et novateur.

Fritz Schumacher avait néanmoins le sentiment que l'émergence de l'écologie politique et le développement des sciences de l'environnement ne suffiraient pas à protéger la nature des déprédations humaines. Il fallait remettre en cause la

1. De Rachel Carson, traduit de l'anglais par Jean-François Gravrand, édition révisée par Baptiste Lanaspeze, introduction d'Al Gore, éd. Wildproject, Marseille, 2009 (1re éd. Plon, 1968).

religion de l'économie : d'après lui, le monde était sous la coupe d'un système économique résolument destructeur – tant pour les êtres vivants que pour la nature, et surtout pour l'âme humaine. Au cours des années précédentes, Schumacher avait rédigé un certain nombre d'articles qui jetaient les bases d'une économie humaniste, plus écologique et plus spirituelle. Enthousiasmé par l'exemple de Rachel Carson, par le Sommet de la Terre et le rapport du Club de Rome, il entreprit de réunir ses articles épars pour en faire un livre – le fameux *Small is Beautiful*.

L'ouvrage terminé, Schumacher eut toutes les peines du monde à trouver un éditeur : ceux qu'il sollicitait lui opposaient un refus poli mais ferme. Seul Anthony Blond, un éditeur indépendant, perçut le potentiel de ce texte, que Schumacher lui avait adressé sous le titre *La Nostalgie du passé : plaidoyer en faveur d'une économie au service de tous.*

Lorsqu'ils se rencontrèrent pour discuter du manuscrit, Blond commença par féliciter Schumacher, puis il entreprit de lui faire une suggestion quant au titre choisi.

« En fait, dit-il, ce que vous exprimez dans cet ouvrage, c'est que l'économie à taille humaine est nécessaire au bonheur et au bien-être de l'homme, à la cohésion sociale, à la protection de l'environnement, à la liberté et à la paix dans le monde.

— En effet, acquiesça Schumacher, mais mon propos ne s'arrête pas là. Je vais plus loin, me semble-t-il.

— Justement, insista Blond. J'aimerais que le titre reflète davantage votre force de proposition... Il nous faut une formule courte, efficace et facile à mémoriser. Pourquoi ne pas l'appeler *"Small is Beautiful : une économie au service de l'homme"* » ?

Schumacher fut séduit par cette suggestion. En termes économiques, la beauté était aussi importante à ses yeux que la petitesse. Si le fait de produire à échelle humaine lui paraissait essentiel, ce n'était pas en soi un gage de qualité. Pour être bon, le produit fini devait aussi être beau.

Combiner les deux notions, le beau et le petit, dans une formule simple et facile à retenir lui sembla donc très pertinent. « J'aime beaucoup ce titre, déclara-t-il. Et j'ai toute confiance en vous. En tant qu'éditeur, vous savez mieux que moi ce qui permettra au livre de se faire connaître ! J'accepte donc volontiers votre proposition. »

Satisfait d'avoir obtenu gain de cause, Blond publia *Small is Beautiful* en 1973. Il eut d'abord toutes les peines du monde à le vendre – autant que son auteur en avait eu à le publier. La presse anglaise et le milieu de l'édition jugèrent l'ouvrage trop idéaliste et utopique. Déçu, Blond se tourna vers les États-Unis, où le livre reçut un accueil plus chaleureux. Schumacher fut invité à faire une grande tournée à travers le pays pour aller à la rencontre des libraires et des lecteurs. Cette fois, le succès fut au rendez-vous. Un public toujours plus nombreux se pressait dans les universités, les églises, les hôtels de ville où il donnait des conférences dans des salles bondées. Jerry Brown, le gouverneur de Californie, entendit parler du livre. Il s'en procura un exemplaire, le lut et fut saisi d'un tel engouement pour les idées de Schumacher qu'il l'invita aussitôt à dîner. Impressionné par la verve et le charisme de son invité, Jerry Brown téléphona dès le lendemain au président Jimmy Carter pour lui suggérer de rencontrer l'économiste britannique. Schumacher fut donc invité à la Maison Blanche. La nouvelle fit les gros titres de la presse anglaise. Les médias, les hommes politiques, les universitaires et les libraires britanniques se prirent soudain d'intérêt pour celui qu'ils avaient dédaigné quelques mois plus tôt. *Small is Beautiful* ne tarda pas à devenir un best-seller, en Grande-Bretagne comme ailleurs. Traduit dans toutes les langues du monde, il demeure un classique du xxe siècle, considéré en 1995 par le supplément littéraire du *Times* comme l'un des cent livres les plus importants publiés depuis la Seconde Guerre mondiale.

Parce qu'il a contribué à façonner ma pensée et ma vision du monde, cet ouvrage révolutionnaire me tient particulièrement à cœur. J'en exposerai ici les arguments les plus marquants.

La plupart des grandes entreprises humaines visent à accomplir un objectif idéal – améliorer la santé publique, pourvoir à l'instruction des enfants, produire et distribuer de la nourriture, veiller sur la nature. Cependant, dès lors qu'elles atteignent une certaine taille, ces entreprises tendent à s'enliser dans la gestion de l'entreprise elle-même, reléguant au second plan l'objectif pour lequel elles ont été fondées. Elles ont tendance à mettre leurs collaborateurs à leur service, alors que les entreprises à taille humaine tendent à mettre l'entreprise au service de leurs collaborateurs et du public.

Dès lors qu'une entreprise ou une organisation considère ses employés et ses clients comme de simples moyens pour atteindre une fin, ou comme des instruments destinés à perpétuer sa propre existence, c'est qu'elle est trop grande. Les multinationales cherchent à maximiser leurs profits en soumettant leurs salariés à cet unique objectif, alors que les petites unités de production parviennent mieux à maintenir l'équilibre entre le bien-être de leurs employés et la réalisation de leurs objectifs commerciaux, tout en gardant un œil sur le bilan comptable.

Cette question d'échelle est tout aussi vraie pour les institutions et le pouvoir politique. Une fois parvenus au sommet de l'État, ses grands commis n'ont qu'une obsession : garder le pouvoir. Les autres considérations, qu'elles soient d'ordre humain, social ou écologique, deviennent accessoires. L'impératif majeur étant de garder le contrôle, l'amélioration des services publics ou l'instauration de modes de développement durable ne sont que des priorités de pure forme.

En fait, écrit Fritz Schumacher, nous avons besoin de faire coexister les deux types d'organisations : « Les hommes ont, apparemment, toujours eu besoin [...] à la fois de liberté et d'ordre. Nous avons besoin de la liberté de très nombreuses petites unités autonomes et, en même temps, de la discipline et de la coordination d'unités globales, de grande taille. Du point de vue de l'action, nous avons besoin, de toute évidence, de petites unités, car l'action est une aventure éminemment personnelle, et l'on ne saurait être en relation, à tout moment, qu'avec un nombre très restreint de personnes[1]. »

1. Extrait de *Small is Beautiful : une société à la mesure de l'homme*, *op. cit.*, p. 44.

Quand Schumacher et d'autres penseurs de la décentralisation plaçaient la question de l'échelle au cœur de leurs théories économiques, il s'agissait réellement de discuter de la taille des entreprises, et non, comme on a pu le leur reprocher, de faire l'éloge du repli sur soi et du confinement nationaliste. « Du point de vue des idées, des principes ou de l'éthique, de l'indivisibilité de la paix ainsi que de l'écologie, force nous est de reconnaître l'unité du genre humain et de fonder nos actions sur cette reconnaissance », admet Schumacher dans le même paragraphe de son ouvrage.

Nous appartenons tous à la grande communauté des habitants de la Terre. En ce sens, les frontières nationales, politiques, religieuses et industrielles qui nous séparent n'ont aucune importance. Nous devons reconnaître le caractère sacré et la valeur intrinsèque de toute forme de vie, sans nous confiner à l'intérêt d'un groupe ou d'un individu. Nous sommes cependant limités par nos capacités physiques et par le temps dont nous disposons : nous ne pouvons former de véritables relations, dynamiques et personnelles, qu'avec un petit nombre de personnes au cours de notre vie. Il en va de même pour la Terre : bien qu'elle soit partout notre maison, nous développons un lien privilégié, un sentiment d'appartenance et de connexion spirituelle avec l'endroit où nous vivons. Il ne faut donc pas confondre petitesse et étroitesse. Pour Schumacher, la notion de petitesse n'avait rien de dogmatique : il s'agissait de l'appliquer au cas par cas, selon les circonstances. Il préférait parler d'échelle « appropriée » que de « petite échelle ». S'il se faisait l'avocat de la petitesse, c'est parce qu'il trouvait le monde « victime d'une idolâtrie quasi universelle du gigantisme. Il est donc nécessaire d'insister sur les vertus de la petitesse, quand il y a lieu. (Si, au contraire, une idolâtrie de la petitesse l'emportait, indépendamment du sujet ou du but, on devrait chercher à exercer une influence dans la direction inverse.)[1] »

1. Extrait de *Small is Beautiful : une société à la mesure de l'homme*, *op. cit.*, p. 45.

Une question d'échelle...
... en urbanisme

La notion d'« échelle appropriée » ne concerne pas seulement les organisations politiques, sociales et commerciales : les agglomérations et l'habitat doivent aussi être construits et planifiés à échelle humaine. La croissance frénétique de certaines métropoles inquiétait beaucoup Schumacher, qui voyait dans l'exode rural une des catastrophes du xxe siècle. « Des millions de gens commencent à se déplacer. Attirés par les lumières de la ville, ils désertent les zones rurales et les agglomérations de moindre importance. Ils vont se déverser dans la grande ville, où ils provoquent une croissance pathologique[1] », assure-t-il, avant de citer les mégapoles américaines, où convergent des dizaines de millions de personnes, créant un environnement saturé, pollué et aliénant, dénué de beauté, de simplicité et convivialité.

> Bien que la Terre soit partout notre maison, nous développons un lien privilégié, un sentiment d'appartenance et de connexion spirituelle, avec l'endroit où nous vivons.

Fritz Schumacher estimait à 500 000 habitants la limite supérieure au-delà de laquelle une cité n'est plus vivable. En deçà de cette limite, les habitants peuvent traverser leur ville à pied, sans devoir prendre un bus ou une voiture ; ils se rendent en quelques minutes à l'école, au marché, à la bibliothèque, au théâtre ou au centre médical ; la ville et la campagne ne sont pas coupées l'une de l'autre : elles vivent côte à côte. Idéalement, la ville se situe à proximité de plusieurs exploitations agricoles, de cultures maraîchères et de vergers où les citadins peuvent s'approvisionner localement et à bon prix ; le soleil, le vent, l'eau et le bois répondent à ses besoins

1. Extrait de *Small is Beautiful : une société à la mesure de l'homme*, *op. cit.*, p. 46.

énergétiques ; sensibilisés à la lutte anti-gaspillage par un programme d'éducation citoyenne, les habitants ont également recours aux énergies fossiles en quantité modérée et en veillant à les faire durer le plus longtemps possible ; habitués à l'entraide et au partage, ils bénéficient d'installations collectives – jardins suspendus, potagers, bacs de récupération d'eau de pluie – qu'ils entretiennent et utilisent ensemble pour le bien-être de chacun.

« Le mal dominant du monde moderne est le déséquilibre absolu entre la ville et la campagne, un déséquilibre sur le plan des richesses, du pouvoir, de la culture, de l'attraction et de l'espoir, affirme Schumacher. La ville s'est étendue à l'extrême, tandis que la campagne s'est atrophiée. La ville est devenue l'aimant universel, tandis que la vie rurale a perdu de son charme. Pourtant, il reste incontestable que, de même qu'un esprit sain dépend d'un corps sain, la santé des villes dépend de la santé des zones rurales. Les villes, avec toute leur richesse, ne sont que des producteurs secondaires. La production primaire, condition première de toute vie économique, est le fait des campagnes. Le manque prédominant d'équilibre, découlant de l'exploitation de longue date du paysan et du producteur de matières premières, menace aujourd'hui tous les pays du monde, les riches encore plus que les pauvres. Rétablir un juste équilibre entre la vie à la ville et la vie à la campagne est peut-être la tâche la plus importante qui s'offre à l'homme moderne. Ce n'est pas uniquement une question de rendement agricole, indispensable pour éviter la famine dans le monde. Il n'existe aucune solution aux maux que sont le chômage des masses et la migration massive vers les villes, à moins que l'on ne parvienne à améliorer globalement le niveau de vie à la campagne, ce qui exige le développement d'une culture agro-industrielle, afin que chaque région, chaque communauté, puisse offrir à ses membres une éblouissante variété d'occupations[1]. »

1. Extrait de *Small is Beautiful : une société à la mesure de l'homme*, *op. cit.*, p. 148.

… en économie

La production à petite échelle va de pair avec l'économie locale, tandis que la production à grande échelle entraîne la mondialisation. Produire à échelle mondiale implique une consommation excessive d'énergie fossile, dont les multinationales sont totalement dépendantes, requiert la création d'une infrastructure extrêmement complexe et contraint la main-d'œuvre à une mobilité oppressive – le tout au prix d'importants changements climatiques. A contrario, l'économie locale favorise le développement d'un sentiment d'appartenance à un lieu et à une communauté, tout en renforçant le sens des responsabilités de chacun envers son environnement naturel.

Un jour, Fritz Schumacher vit un camion à l'effigie d'une marque de biscuits écossais, fabriqués à Édimbourg, entrer dans Londres ; peu après, il apprit qu'une entreprise fabriquant à Londres des biscuits anglais acheminait sa production par camion jusqu'à Édimbourg. Cette découverte le troubla profondément. En tant qu'économiste, il ne parvenait pas à comprendre pourquoi des êtres compétents et créatifs se voyaient contraints de conduire un camion d'un bout à l'autre des îles britanniques dans le seul but de transporter des biscuits. N'était-ce pas absurde ? Le coût humain et environnemental d'une telle manœuvre n'avait donc alerté personne ? N'était-il pas possible d'enseigner les recettes écossaises aux ouvriers londoniens des fabriques de biscuits et vice versa, afin d'éviter de polluer l'atmosphère et d'imposer un trajet abrutissant aux chauffeurs de camion ? Schumacher eut beau tourner et retourner le problème dans sa tête, il fut incapable d'y déceler la moindre logique. Dépité, il se consola par une boutade. « Je suis économiste, pas nutritionniste… Après tout, qui sait si la qualité nutritionnelle des biscuits ne se trouve pas améliorée par ces trajets à longue distance ? » s'interrogeait-il sur le ton de la plaisanterie.

Et il n'y a pas que les biscuits qui sont ainsi transportés sans raison d'une région ou d'un pays à l'autre : il en va de même pour l'eau en bouteille. J'ai vu des supermarchés français vendre de l'eau écossaise et des supermarchés écossais vendre de l'eau française. L'eau écossaise n'est-elle pas assez bonne pour les Écossais, et l'eau française pour les Français ? me suis-je demandé. Naturellement, quand il s'agit de faire voyager du whisky écossais et du cognac français, la question ne se pose pas : la logique de ces transactions semble évidente, les deux alcools étant foncièrement différents. Mais pourquoi importer et exporter de l'eau de source ?

La Grande-Bretagne exporte presque autant de beurre qu'elle en importe. Et ce ratio vaut pour de nombreux autres biens de consommation courante. Schumacher fut l'un des premiers à remarquer et à dénoncer l'absurdité d'un tel système.

Sous prétexte de faire des économies d'échelle, on feint d'ignorer les « dés-économies » d'échelle qui en résultent. Alors que l'Europe et les États-Unis comptent plusieurs millions de chômeurs contraints de vivre des subsides de l'État, des tonnes de marchandises susceptibles d'être fabriquées dans des usines européennes et américaines sont importées de Chine. La relocalisation permettrait pourtant de réduire le chômage et la pollution, et de libérer les pays occidentaux du poids de la dette qui grève leur budget depuis des décennies.

... en psychologie sociale

Produire à petite échelle permet aussi d'améliorer le bien-être personnel, psychologique et émotionnel des personnes impliquées dans la production. L'âme se porte mieux dans une entreprise à taille humaine ; elle se perd et se dissout dans les grandes multinationales, quand l'individu « a l'impression de n'être plus qu'un petit rouage dans une vaste machine et quand les relations humaines de sa vie quotidienne de travailleur se déshumanisent de plus en plus », analyse Schumacher.[1] Les très grandes entreprises se soucient davantage d'efficacité et de productivité que du bonheur et de l'accomplissement spirituel de leurs salariés. « Personne n'aime vraiment les grandes organisations. Personne n'aime recevoir des ordres d'un supé-

---

1. Extrait de *Small is Beautiful : une société à la mesure de l'homme, op. cit.*, p. 179.

rieur, qui reçoit des ordres d'un supérieur, qui lui-même reçoit des ordres. Même si les règles imaginées par la bureaucratie sont remarquablement humaines, personne n'aime être gouverné par des règles, c'est-à-dire par des personnes dont la réponse à chaque doléance est : "Ce n'est pas moi qui fais les règles. Je ne fais que les appliquer."[1] »

Les individus employés dans de telles organisations apprécient sans aucun doute la clarté et la rigueur de leurs méthodes de travail, mais cette rigueur les mène parfois à la stagnation : paralysés par les règles à suivre, ils manquent d'esprit d'aventure et rechignent à prendre des risques. Pour Fritz Schumacher, l'entreprise idéale sait donner à ses collaborateurs « les coudées très franches et une grande latitude d'action pour pouvoir rompre avec l'ordre établi, pour faire ce qui n'a jamais été fait auparavant, ce qui n'a jamais été envisagé par les gardiens de la méthode ». Il chérissait « l'esprit créatif, qui encourage l'émergence d'un nouvel aboutissement, imprévu et imprévisible[2] ».

Schumacher estimait que « le danger spécifique inhérent à la grande organisation réside dans son penchant naturel et sa tendance à favoriser l'ordre, au détriment de la liberté créatrice. [...] Le type même de l'homme d'ordre est le comptable et, d'une façon générale, le gestionnaire, alors que l'homme de la liberté créatrice est l'entrepreneur. L'ordre demande de l'intelligence et contribue au bon fonctionnement, alors que la liberté appelle et ouvre la porte à l'intuition, et conduit à l'innovation. [...] sans la magnanimité du désordre, sans la détente, sans l'esprit d'entreprise qui s'aventure dans l'inconnu et l'incalculable, sans le risque et le jeu, sans l'imagination créatrice qui s'élance avec audace sans avoir, comme les bureaucrates, peur de se tromper, sans cela, la vie est simulacre et malheur[3]. »

---

1. Extrait de *Small is Beautiful : une société à la mesure de l'homme*, *op. cit.*, p. 180.
2. *Idem*, p. 180.
3. *Idem*, p. 186.

Si nos activités économiques sont menées à petite échelle au niveau local, notre empreinte sur la Terre demeurera minime. Même très nombreux, les travailleurs employés dans de petites unités de production locales et respectueuses de leur environnement veilleront à consommer avec modération, à réutiliser, recycler et réparer les objets dont ils se servent au quotidien. En revanche, dès qu'elles dépassent une certaine taille, les unités de production, d'où sortent d'énormes quantités de biens manufacturés destinés à une consommation de masse, entraînent gaspillage et pollution de masse.

Schumacher n'encourageait pas à une réduction d'échelle par goût pour la petitesse, il était réellement convaincu que le retour à de petites unités de production favoriserait l'émergence d'un système économique durable et respectueux de la nature. Pour l'heure, le libéralisme économique favorable à la production et à la consommation de masse envisage la nature comme un moyen de multiplier ses profits – et rien d'autre.

L'économie moderne a redistribué les rôles, inversant l'ordre des priorités établi par les théories classiques de l'économie : le capital, qui occupait la troisième position en ordre d'importance après la terre et le travail, occupe désormais la position dominante. C'est le facteur de production privilégié. Assujettis et dévalorisés, la terre et le travail ne sont là que pour le servir. Alors que les théories classiques envisageaient les sols, les arbres, les animaux, les minéraux, les fleuves, l'ingéniosité, la créativité et les compétences humaines comme d'authentiques sources de richesse, le capital financier ne servant qu'à mettre de l'huile dans les rouages, les théories modernes ont attribué à l'argent une valeur en soi. Il est devenu synonyme de richesse, alors qu'il devrait seulement servir d'instrument de mesure et de monnaie d'échange. La primauté accordée à l'argent constitue, d'après moi, l'un des facteurs de la crise écologique actuelle.

Les théories classiques de l'économie envisageaient les sols, les arbres, les animaux, les minéraux, les fleuves, l'ingéniosité, la créativité et les compétences humaines comme d'authentiques sources de richesse.

L'économie moderne s'est donnée pour mission de maximiser les profits et pour méthode de conquérir la nature. Nos industriels luttent sans cesse contre elle afin de l'exploiter et de l'asservir. Ne dirait-on pas, à observer la manière dont ils la traitent, qu'ils sont en guerre contre la nature ? Les fermes géantes, l'ingénierie génétique, la mécanisation des semailles et des récoltes, l'emploi d'engrais chimiques, de pesticides et d'herbicides, la déforestation, les mines à ciel ouvert, le recours aux forages en eaux profondes et à la fracturation hydraulique, la surpêche, et bien d'autres pratiques encore, témoignent d'un climat éminemment belliqueux : l'économie capitaliste conçoit la nature comme un adversaire à combattre et à vaincre. Les dirigeants des grandes multinationales n'ont visiblement pas compris que, s'ils gagnent cette guerre, ils se retrouveront vite du côté des perdants.

Pour Schumacher, le vrai capital résidait dans la nature. Aussi invitait-il ses lecteurs à faire tout leur possible pour la préserver, la sauvegarder et la protéger, tant pour elle-même que pour les générations futures. Il avait forgé la notion de « méta-économie » pour désigner la révérence due à la valeur intrinsèque de la nature. « Les combustibles fossiles ne constituent qu'une partie du "capital naturel" que nous tenons absolument à dépenser, comme s'il s'agissait d'un revenu, et nullement la partie la plus importante. En gaspillant nos ressources fossiles, nous faisons peser une menace sur la civilisation ; mais en gaspillant le capital que représente la nature vivante autour de nous, c'est pour la vie elle-même que nous sommes une menace[1]. »

1. Extrait de *Small is Beautiful : une société à la mesure de l'homme*, *op. cit.*, p. 5-6.

Si nous étions restés fidèles à une vision classique de l'économie, nous ferions un usage modéré des dons de la nature en veillant à ne pas les exploiter au-delà de ce qui est nécessaire à notre vie quotidienne.

L'économie industrielle et capitaliste dilapide avec insouciance le capital naturel « comme s'il s'agissait d'un produit que nous avons nous-mêmes fabriqué et que notre productivité tant vantée, en hausse constante, nous permettrait de renouveler aisément[1] ».

L'économie telle que la conçoit Fritz Schumacher cherche à créer les conditions favorables à l'instauration de « la beauté, de la santé et de la pérennité » ; elle permet aussi d'apprendre aux hommes à « vivre en paix, non seulement avec leurs frères humains, mais avec la nature[2] ». Schumacher jugeait « pathologique » la croissance illimitée et perpétuelle qui constitue l'objectif principal du système capitaliste – pathologique, car obsessionnelle et surtout chimérique, puisque nul ne peut prétendre à une croissance infinie et illimitée sur une planète aux ressources finies et limitées.

Échelle et spiritualité

L'impératif unique de la croissance économique repose sur un matérialisme pur qui encourage systématiquement l'appât du gain et dénigre, de manière tout aussi systématique, la modération, la frugalité et la sagesse. Pour Schumacher, « l'homme est bien trop adroit pour arriver à survivre sans sagesse. [...] Exclure la sagesse de l'économie, de la science et de la technologie ne présentait peut-être, momentanément, pas de risque, tant que nous connaissions un relatif insuccès. Mais, maintenant que nous connaissons de grands succès, le problème de la vérité spirituelle et morale vient occuper le devant de la scène[3] ».

Schumacher met constamment l'accent sur l'existence d'un lien fondamental entre économie et sagesse. « Cultiver

1. Extrait de *Small is Beautiful : une société à la mesure de l'homme, op. cit.*, p. 7-8.
2. *Idem*, p. 81.
3. *Idem*, p. 18.

et multiplier ses besoins est l'antithèse de la sagesse. C'est aussi l'antithèse de la liberté et de la paix. Toute multiplication des besoins tend à augmenter la dépendance à l'égard de forces extérieures qui échappent à notre contrôle, et alimente par conséquent la peur existentielle. Ce n'est qu'en réduisant ses besoins que l'on peut encourager une authentique réduction des tensions fondamentalement responsables des luttes et des guerres[1]. »

L'économie à grande échelle est une économie de guerre et de violence. « Des machines toujours plus grosses, entraînant des concentrations de pouvoir économique toujours plus grandes et violentant toujours davantage l'environnement, ne représentent nullement le progrès : ce sont autant de refus de sagesse. La sagesse exige une nouvelle orientation de la science et de la technologie vers l'organique, le généreux, le non-violent, l'élégant et le beau. La paix, a-t-on souvent dit, est indivisible. Comment l'édifier alors, en la fondant sur une science imprudente et une technologie violente[2] ? »

C'était au nom de la paix, de la pérennité et de la prospérité pour tous que Schumacher prenait la défense d'une économie à taille humaine. D'après lui, les petites unités de production de biens et de services sont, quoi qu'il arrive, moins nocives à l'environnement et moins enclines à déclencher des conflits que les grandes organisations et les multinationales.

Il ne s'aveuglait pas pour autant : il savait que les petites unités peuvent se rendre coupables, elles aussi, de pollution, de destruction et d'agression envers l'homme et la nature. Mais leurs exactions, lorsqu'elles en commettent, ont nécessairement moins d'impact, puisqu'elles sont plus petites, que celles de multinationales ou de gouvernements motivés par la soif de pouvoir, d'argent et de profit. Si Fritz Schumacher avait obtenu la preuve que le gigantisme peut s'accompagner d'humilité, de modestie et de modération, il n'aurait formulé aucune objection à l'encontre des transactions des entreprises et des institutions de grande ampleur. Ce qui était loin d'être le cas, évidemment.

1. Extrait de *Small is Beautiful : une société à la mesure de l'homme*, *op. cit.*, p. 19.
2. *Idem.*

Pour avoir longtemps travaillé dans une grosse institution – il était économiste en chef au National Coal Board, l'autorité britannique du charbon –, Schumacher savait que les grandes entreprises prennent leurs décisions sur des bases de réflexion très étroites, et que ces décisions sont biaisées par des objectifs à court terme : équilibrer le bilan comptable trimestriel ou augmenter la marge bénéficiaire annuelle, par exemple. Quant aux multinationales occupées à conquérir des marchés mondiaux, elles mettent tout en œuvre pour éviter de payer leurs impôts – alors même qu'elles dépendent d'infrastructures nationales bâties avec l'argent des contribuables – et se gardent d'inclure leur véritable impact sur l'environnement dans leurs calculs financiers. N'est-ce pas travailler à courte vue que de procéder de la sorte ?

Outre leur étroitesse d'esprit et leur vision à court terme, les grandes organisations favorisent l'émergence d'un individualisme irresponsable : elles se montrent si peu soucieuses de protéger l'environnement et le corps social, si peu réceptives au bien-être spirituel de leurs collaborateurs, qu'elles semblent militer pour un égoïsme généralisé. Ainsi n'hésiteront-elles pas à juger inepte et contre-productive la préférence accordée à des biens issus d'une production locale, s'il est possible d'acheter à moindre coût des biens équivalents mais importés. Ensemble, les forces de l'offre et de la demande, le libre-échange, la mondialisation et la croissance économique ont constitué une véritable religion de l'économie « où règne et triomphe la quantité », écrit Schumacher, avant d'ajouter : « Dans la mesure où la conception économique repose sur le marché, elle ôte à la vie tout caractère sacré, car rien de ce qui a un prix ne peut être sacré[1]. » Dans un tel système, même les valeurs les plus simples et les moins « économiques », telles que la beauté, la santé ou la propreté, ne survivront que si elles se révèlent capables d'être commercialisées.

1. Extrait de *Small is Beautiful : une société à la mesure de l'homme*, *op. cit.*, p. 28.

L'économie bouddhique

Au milieu des années 1950, Fritz Schumacher accepta une mission de consultant en développement pour le Premier ministre birman, qui s'interrogeait sur la pertinence du modèle occidental et la meilleure manière de le transposer dans son pays. Schumacher passa près de six mois à visiter des villages, des villes, des temples et des monastères birmans, et à discuter avec les habitants. Il nota que les Birmans disposaient d'un excellent système économique, partiellement inspiré par la doctrine bouddhique – raison pour laquelle il forgea le terme d'« économie bouddhique », auquel il consacra de nombreux articles. Surtout, il constata que les Birmans issus des classes populaires étaient satisfaits de leur existence : joyeux, créatifs et proches de la nature, ils prenaient soin d'autrui, de la terre et des animaux avec plaisir. Dans ces conditions, si l'apport de certaines technologies intermédiaires, appropriées à leur activité professionnelle, pouvait assurément leur faciliter la tâche, il semblait insensé d'aller plus loin en leur imposant un système industriel, urbain et mécanisé.

Remplacer l'économie birmane traditionnelle par un système plus moderne et de type occidental apporterait plus de problèmes que de solutions, Schumacher en était convaincu. En voyageant à travers le pays, il comprit que les bouddhistes conçoivent « l'essence de la civilisation non comme une multiplication des besoins, mais comme la purification du caractère de l'homme, caractère que forgent, en premier lieu, le travail et la dignité qu'il confère[1] ». Pour Schumacher, travailler ne se résumait pas à avoir un boulot, une occupation ou un emploi, ce devait être une source de créativité, d'imagination et de spiritualité. « Le travail consacre ceux qui l'exécutent, ainsi que leurs produits[2]. » Le « bon » travail – que les bouddhistes nomment « moyen d'existence parfait » – est celui qui transforme l'homme pour le meilleur ; le « mauvais » travail est celui qui le change pour le pire.

1. Extrait de *Small is Beautiful : une société à la mesure de l'homme*, *op. cit.*, p. 36.
2. *Idem.*

Toute société humaine devrait veiller à encourager le bon travail en valorisant ses artisans, ses artistes, ses agriculteurs, ses jardiniers, ses maçons, ses menuisiers ou ses commerçants. Or, l'industrialisation du travail et la production de masse réduisent considérablement les possibilités d'exercer un bon travail et d'y « purifier [son] caractère ». Le bon travail n'a rien à voir avec une tâche ou une corvée : il n'est ni ingrat ni pénible. Il améliore la qualité de vie et confère bien-être et sérénité.

Le bouddhisme n'est « en aucun cas opposé au bien-être physique », estime Schumacher. « Ce n'est pas la richesse qui fait obstacle à l'Éveil, mais l'attachement à la richesse ; ce n'est pas non plus le plaisir que procurent les choses agréables qui est condamnable, mais le désir ardent de les obtenir. Simplicité et non-violence sont donc les dominantes de l'économie bouddhique. » Pour un économiste bouddhiste, « puisque la consommation n'est qu'un moyen du bien-être de l'homme, le but devrait être d'obtenir le maximum de bien-être par le minimum de consommation. [...] Comme les ressources physiques sont partout limitées, ceux dont les besoins sont satisfaits par un faible emprunt aux ressources naturelles risquent certainement moins d'en venir aux mains que ceux qui consomment en quantité. Pareillement, ceux qui vivent dans de petites communautés, presque en autarcie, courent moins de risques de se trouver confrontés à la violence à grande échelle que ceux dont l'existence dépend de systèmes commerciaux à l'échelle mondiale ». En outre, « l'économiste bouddhiste soutient que satisfaire les besoins des hommes à partir de sources lointaines [...] est signe d'échec, bien plus que de succès[1] ».

Le bon travail n'a rien à voir avec une tâche ou une corvée : il n'est ni ingrat ni pénible. Il améliore la qualité de vie et confère bien-être et sérénité.

1. Extrait de *Small is Beautiful : une société à la mesure de l'homme*, *op. cit.*, p. 37-39.

À son retour de Birmanie, Schumacher expliqua qu'il avait eu le sentiment, en découvrant l'économie bouddhique, d'effectuer un « retour au pays natal ». Il avait en horreur l'idée selon laquelle l'industrialisation de l'agriculture relèverait du « développement » économique, alors que l'agriculture à échelle humaine, reposant sur de petites exploitations, de bons outils, du savoir-faire et des transactions locales, relèverait, elle, du « sous-développement ». Pour lui, le matérialisme pur menait à l'impasse. En revanche, associer les principes bouddhiques qui régissent un mode de vie simple, sobre et non violent à quelques règles économiques saines et de bon sens permettrait de favoriser l'avènement d'une société résiliente sur le plan spirituel, social et éthique. Passionné par son sujet, Schumacher en vint à penser que sa mission et celle de sa génération pouvaient être assimilées à une « reconstruction métaphysique ».

Il ne s'agissait pas d'une réaction émotionnelle de sa part : cette notion de « reconstruction » s'était imposée d'elle-même face aux multiples preuves intellectuelles et empiriques du désastre écologique généré par l'industrie moderne, qui engloutit tant de ressources naturelles pour un résultat somme toute assez modeste. « Un système industriel qui consomme 40 % des ressources primaires mondiales, pour subvenir aux besoins de moins de 6 % de la population du monde [celle des États-Unis], ne saurait passer pour efficace qu'à condition d'obtenir des résultats saisissants sur le plan du bonheur humain, du bien-être, de la culture, de la paix et de l'harmonie », écrit Schumacher. Il était évident à ses yeux que les pays économiquement développés comme les États-Unis et les membres de la Communauté européenne n'avaient pas abouti à de tels résultats en termes de pérennité environnementale, de cohésion sociale et de bonheur humain ; d'autres, en revanche, comme la Birmanie (siège d'une démocratie florissante, à l'époque) dont l'économie, qualifiée de « sous-développée », reposait principalement sur l'agriculture et l'artisanat, et se voyait renforcée par une adhésion ancestrale aux principes bouddhiques de simplicité et de non-violence, faisaient davantage le bonheur de leurs habitants et se révélaient moins gourmands en ressources naturelles.

Fritz Schumacher fut l'un des rares économistes occidentaux sensibles au lien qui unit l'économie à l'éthique. Le bouddhisme résumait à lui seul l'ensemble des valeurs morales et spirituelles auxquelles il adhérait. Il espérait voir la société se tourner vers la non-violence plutôt que la violence, la coopération avec la nature plutôt que sa destruction, la mise en place de solutions à basse consommation d'énergie plutôt que la poursuite d'un système industriel alimenté par des moyens lourds, brutaux et dépensiers – centrales nucléaires ou combustibles fossiles. Pour Schumacher, le modèle occidental, fondé sur le matérialisme et la croissance illimitée de l'économie dans un environnement aux ressources limitées, ne peut durer éternellement.

Afin d'expliquer son point de vue, il précisait que l'économie bouddhique établit « une distinction entre les ressources renouvelables et les ressources non renouvelables. Une civilisation reposant sur l'emploi de ressources renouvelables, comme le bois, la force hydraulique et les produits de l'agriculture, est de ce fait bien supérieure à celle qui dépend de ressources non renouvelables comme le charbon, le pétrole et le métal, et ce, pour une raison simple : les ressources renouvelables se perpétuent, alors que les non renouvelables ne seront pas éternelles. La première civilisation coopère avec la nature, alors que la seconde la dévalise. La première est placée sous le signe de la vie, la seconde sous celui de la mort. Il semble d'ores et déjà évident qu'une économie basée sur le pétrole, le charbon et la métallurgie ne saurait être davantage qu'une courte anomalie dans l'histoire de l'humanité. L'économie bouddhique, si elle venait à triompher, se dresserait sur le monde telle une "statue de la limitation" – ou plutôt une "statue de la libération" », affirme-t-il dans l'un de ses articles.

Il ne cessait de répéter que « l'économie, et plus encore l'économie appliquée, n'est pas une science exacte. C'est, ou ce devrait être, quelque chose de beaucoup plus noble : une branche de la sagesse[1] ». Il termine *Small is Beautiful* en affirmant que « la vie, y compris la vie économique, vaut encore

1. Extrait de *Small is Beautiful : une société à la mesure de l'homme*, *op. cit.*, p. 176.

la peine d'être vécue, car elle est assez imprévisible pour être intéressante[1] », à la fois processus et pèlerinage en perpétuel mouvement, et en constante renaissance.

Le pèlerinage de Schumacher

E. F. Schumacher avait entamé son propre pèlerinage dès 1937 en fuyant l'Allemagne nazie. Alors que son beau-frère, le physicien Werner Heisenberg, l'un des fondateurs de la mécanique quantique, décidait de rester à Berlin, lui, qui avait poursuivi des études d'économie à Oxford au début des années 1930, estima que la lutte contre le nazisme ne pouvait être menée efficacement que depuis l'extérieur de l'Allemagne. Il quitta son pays d'origine pour s'établir à Londres, où il se lança dans la finance. Par un étrange retournement du destin, il fut considéré, du fait de ses origines allemandes, comme un « ennemi national » par les autorités britanniques et brièvement interné au début de la Seconde Guerre mondiale. Libéré sur la demande de John Maynard Keynes, qui avait été favorablement impressionné par la lecture d'un de ses articles, Schumacher bénéficia ensuite de l'hospitalité de son ami David Astor, propriétaire et directeur de la rédaction du quotidien *The Observer*, qui lui proposa un poste d'ouvrier agricole, ainsi qu'un petit cottage sur les terres de son oncle, entre Londres et Birmingham. Schumacher accepta aussitôt, enchanté d'avoir retrouvé un emploi et de pouvoir loger sa femme et ses deux enfants avec lui, à la campagne. Ainsi commença sa longue relation avec la nature : faite d'affinités, de respect et de gratitude, elle marqua sa vie entière. Doué de ses mains, adroit et endurant, il adorait planter et cultiver, s'occuper des animaux et passer ses journées au grand air, qu'il pleuve, qu'il neige ou qu'il vente. Tout économiste qu'il était, cet ancien étudiant d'Oxford ne craignait pas de charrier des brouettes pleines de terre. Sa passion pour le jardinage et les travaux des champs l'amena par la suite à diriger la Soil Association, fondée en 1946 pour défendre la qualité des sols

1. Extrait de *Small is Beautiful : une société à la mesure de l'homme*, *op. cit.*, p. 177.

menacés par le développement de l'agriculture intensive, et à militer en faveur de l'agriculture biologique et du respect de l'environnement.

Au sortir de la guerre, peu après sa nomination au poste d'économiste en chef du National Coal Board, Schumacher acheta une propriété de deux hectares à Caterham, dans la banlieue sud de la capitale, où il entreprit de planter des légumes, des herbes aromatiques, des fleurs et des arbres fruitiers. Sa passion pour la sylviculture en fit un excellent défenseur de la régénération des forêts. En 1977, quelques mois avant sa mort, il participa au tournage d'un documentaire intitulé *On the Edge of the Forest* [En lisière de la forêt], consacré aux ravages de la déforestation en Australie ; filmé dans une forêt vierge, environné d'eucalyptus géants, il invitait avec conviction le spectateur à rétablir l'unité entre l'homme et la nature. Il était convaincu que les hommes doivent passer de l'appropriation de la nature à l'instauration d'une véritable relation avec elle, afin de la respecter et de la révérer. Nous ne possédons pas la terre, les forêts, les animaux ou les fleuves, répétait-il. Nous ne sommes que les gardiens éphémères des ressources naturelles dont nous avons la charge. Tous ces êtres vivants et ces éléments naturels sont dotés d'une valeur intrinsèque dont nous devons absolument prendre conscience. Il est de notre devoir et de notre responsabilité de prendre soin de ces ressources, sans les polluer ni les épuiser.

« Une once de pratique vaut bien mieux qu'une tonne de théorie », disait-il souvent. Aussi tenait-il à mettre en pratique ce qu'il prêchait, y compris dans sa vie quotidienne. C'était un infatigable défenseur de l'environnement, écologiste convaincu et protecteur de la faune et de la flore.

> Schumacher était convaincu que les hommes doivent passer de l'appropriation de la nature à l'instauration d'une véritable relation avec elle afin de la respecter et de la révérer.

Soucieux de mettre ses idéaux en pratique, il avait accepté avec enthousiasme l'offre de Sam Mayall, l'un de ses amis cultivateurs, également membre de la Soil Association, qui se proposait de lui fournir du blé issu de l'agriculture biologique. « J'ai besoin de savoir d'où vient ce que je mange », assurait Schumacher pour expliquer son attitude, encore peu courante à l'époque. Il était équipé d'un petit moulin à farine, avec lequel il moulait le blé nécessaire à la fabrication hebdomadaire de pain frais pour toute sa famille. Les fruits, les légumes et les herbes aromatiques utilisés pour la confection des repas provenaient tous de son potager, qu'il entretenait avec une profonde dévotion. Il fabriquait son propre compost, dont il se servait pour enrichir la terre. « Si tu prends soin du sol, me disait-il souvent en paraphrasant Lewis Caroll, le sol prendra soin du reste. »

Issu d'une grande famille d'intellectuels et de scientifiques, Ernst Friedrich Schumacher était devenu économiste en chef au National Coal Board, ce qui ne l'empêcha pas de se passionner pour le bouddhisme, l'écologie, le jardinage, la fabrication du pain, les éoliennes et l'énergie solaire – autant de passions jugées avec sévérité par ses contemporains. Dans les années 1960 et 1970 en Grande-Bretagne, un économiste de haut vol n'était pas censé militer pour l'agriculture biologique. On le trouvait un peu bizarre, presque excentrique. « Et alors ? répliquait Fritz. Quel mal y a-t-il à être excentrique ? C'est avec des gens comme moi qu'on fait les révolutions. » La publication de *Small is Beautiful* en fut une : ses écrits révolutionnèrent le cœur et l'esprit de millions de lecteurs à travers le monde.

L'héritage de Schumacher

En 1973, alors que l'ouvrage de Schumacher était sur le point de sortir en librairie, John Papworth, le fondateur de la revue *Resurgence*, me proposa d'en prendre la direction éditoriale. Partagé entre mon désir d'accepter ou de décliner l'honneur qui m'était fait, je ne répondis pas tout de suite. Fritz Schumacher, auquel j'en parlai peu après, chercha aussitôt à comprendre les raisons de mon hésitation.

« Qu'est-ce qui te tracasse ? s'exclama-t-il. Tu seras un excellent rédacteur en chef.

— Peut-être... mais j'aimerais retourner en Inde !

— Pourquoi ?

— Je voudrais continuer à travailler avec les gandhiens.

— Satish, il y a déjà beaucoup de gandhiens en Inde. En revanche, il nous en faudrait un en Angleterre ! Pourquoi ne pas accepter ce poste et faire de *Resurgence* la voix de la philosophie gandhienne en Occident ? »

L'argument était si convaincant que je sentis fondre mes résistances.

« D'accord, dis-je. Je veux bien suivre ton conseil et prendre la direction éditoriale de *Resurgence*, mais j'aurai besoin de ton aide. Accepterais-tu d'écrire un article dans chaque numéro de la revue ?

— Très volontiers, acquiesça-t-il. Marché conclu ! »

J'étais ravi. Schumacher tint sa promesse jusqu'à sa mort, en 1977. Les trente-cinq articles qu'il a rédigés pour *Resurgence* ont été rassemblés et publiés par la revue sous forme de recueil en 1997[1].

Nous avons donc travaillé quatre ans ensemble, Schumacher et moi. Notre relation professionnelle s'est vite muée en amitié. Chaque fois que je recevais l'un de ses articles, je lui téléphonais pour en discuter. Notre conversation s'orientait vite sur d'autres sujets – la conduite de la revue et les thèmes à aborder, bien sûr, mais aussi, les questions philosophiques, politiques ou religieuses qui nous préoccupaient et sur lesquelles nous souhaitions échanger nos avis respectifs.

J'étais absolument bouleversé lorsqu'il a succombé à une crise cardiaque en 1977, mais très vite, j'ai eu le sentiment qu'il continuait à vivre par-delà sa disparition physique : j'étais convaincu que sa vision du monde et les valeurs qu'il soutenait inspireraient et influenceraient les générations à venir. Et je me suis donné pour mission d'entretenir la flamme, de développer sa pensée et de la porter à la connaissance du grand public comme du mouvement écologiste.

1. Intitulé *This I Believe*, cet ouvrage n'est pas traduit en français.

Passionnément résolu à faire vivre la mémoire de cet homme extraordinaire, j'ai réuni un certain nombre de ses amis et de militants écologistes auxquels j'ai proposé de fonder une association, la Schumacher Society – ce fut fait dès 1977 –, qui organisa dès lors un cycle annuel de conférences dédiées à Schumacher dans la ville de Bristol. Ensemble, nous avons ensuite créé une école pour les enfants de onze à seize ans (The Small School, à Hartland, en 1982), puis une autre association l'année suivante, The Human Scale Education Movement [Pour une éducation à échelle humaine], destinée à favoriser la création de petites écoles alternatives ; enfin, en 1991, nous avons ouvert le Schumacher College, un centre de formation pour adultes consacré à l'enseignement des sciences de l'environnement, à la transmission de valeurs spirituelles et au développement de la formation continue.

Aujourd'hui, je suis fier de constater que la pensée et l'héritage de Schumacher sont florissants au Royaume-Uni. Des associations similaires ont été fondées aux États-Unis, en Allemagne et en Inde afin de promouvoir son œuvre. L'Intermediate Technology Development Group [Groupe pour le développement des technologies intermédiaires], créé en 1966 par Fritz Schumacher et rebaptisé Practical Action [Action pratique] en 2008, est plus actif que jamais : implanté dans de nombreux pays en développement, il s'attache à promouvoir auprès des populations les plus démunies l'usage de méthodes et d'outils compatibles avec un développement économique durable, holistique et respectueux de l'environnement.

Parallèlement, l'immense travail de certification et de contrôle des produits biologiques, accompli quotidiennement au Royaume-Uni par la Soil Association, dont Schumacher était le président, contribue à perpétuer son approche de l'agronomie et de l'agriculture. La New Economics Foundation [Fondation pour une nouvelle économie], le Centre for Alternative Technology [Centre de promotion des technologies alternatives] et l'association Friends of the Earth [les Amis de la Terre] introduisent la pensée de Schumacher dans le débat politique et s'immiscent dans le paysage médiatique en Angleterre comme ailleurs. La revue *Resurgence*, qui a fusionné avec *The Ecologist*, demeure le navire amiral de notre dispositif : elle aborde de manière holistique des sujets très variés, allant de la politique à l'économie en passant par l'éthique et l'écologie, entremêlés de poésie et d'illustrations originales.

À l'heure où le monde est confronté à des questions cruciales – réchauffement climatique, pauvreté endémique dans certaines zones du globe, endettement des pays riches comme des pays pauvres, sentiment de vide moral –, les solutions que proposait Fritz Schumacher pourraient assurer notre salut : pensez à petite échelle, vivez localement et agissez toujours avec la plus haute exigence morale. C'est ce que Fritz appelait la « reconstruction métaphysique ». L'heure est venue d'écouter son message et de le mettre en pratique. Il n'y a plus de temps à perdre. Relevons le défi !

7

Pour un nouveau paradigme

Je considère « terre, âme, société » comme la trinité d'un nouveau paradigme. Nous devons passer d'un vieux paradigme basé sur la fragmentation, le dualisme, la déconnexion et la division, à un nouveau paradigme, vecteur d'unité, de lien et de proximité.

Suivant l'ancien paradigme, l'économie obéit à un principe de linéarité : je prends, j'utilise, je jette. Le nouveau paradigme permet à l'économie d'être cyclique, comme la nature : je prends avec gratitude, j'utilise avec parcimonie, je reconstitue ce que j'ai pris et j'offre à la terre ce qui reste sous forme de compost. Résultat : pas de déchets, pas de pollution, pas de raréfaction des ressources.

L'ancien paradigme favorise la croissance économique à tout prix. Le nouveau paradigme se moque de cet indicateur : ce qui compte, c'est l'augmentation du bonheur et du bien-être de chacun. Ainsi, en remplaçant le PNB par le BNB (bonheur national brut) dans ses statistiques, le Bhoutan a commencé à changer de paradigme.

Suivant le vieux paradigme, l'aide au développement des pays pauvres s'apparente à une main secourable ou à un geste charitable ; le nouveau paradigme incite les donateurs et les bénéficiaires à se pencher sur les causes profondes de la pauvreté et à instaurer davantage de justice sociale et de solidarité. Actuellement, l'aide au développement provient toujours de l'extérieur. Un groupe d'économistes et d'hommes politiques arrivent sur les lieux et déclarent : « Il vous faut une route (ou un hôpital, une école, une usine). Nous allons amener ici des personnes compétentes qui la construiront pour vous, puis vous nous réglerez un loyer, une police d'assurance, des droits de péage et des impôts. »

Le nouveau paradigme procède de l'attitude inverse : les étrangers ne s'arrogent ni le contrôle ni la propriété des ressources locales ; ils veillent à respecter les traditions, la culture, la religion, les pratiques médicales et l'ensemble des coutumes de leurs hôtes afin que la communauté gagne en autonomie et se développe de l'intérieur. S'il arrive que des personnes étrangères à la communauté souhaitent sincèrement lui venir en aide, ces personnes se mêleront à elle, vivront sur place et puiseront leurs moyens de subsistance aux mêmes sources que les habitants du cru.

L'ancien paradigme fait régner la dictature de la marchandise : chacun espère augmenter son niveau de vie et s'équipe de voitures, d'ordinateurs, de téléphones portables et autres biens de consommation hautement convoités. Le nouveau paradigme met en valeur la qualité de vie, non la quantité d'objets possédés. L'important, c'est la santé, la créativité, la culture, le travail manuel, la qualité de l'alimentation, la famille, l'amitié, le partage – en d'autres termes, la capacité à *être*, bien plus que la lutte continuelle pour *avoir*.

Le nouveau paradigme célèbre la petitesse : ce n'est pas la taille, mais le contenu qui compte.

Suivant l'ancien paradigme, plus c'est grand, mieux c'est : grands barrages, grandes usines, grandes entreprises, grands marchés, grande force de frappe militaire et grands gouvernements. Le nouveau paradigme célèbre la petitesse : ce n'est pas la taille, mais le contenu qui compte.

L'ancien paradigme considère les villes comme des facteurs de progrès. Les gratte-ciel, les banques, les casinos et les centres commerciaux, tous rutilants, sont devenus les symboles de la civilisation occidentale. Le nouveau paradigme estime, à l'inverse, que la valorisation de l'agriculture, la beauté des paysages, l'intégrité des communautés rurales, le dynamisme des marchés de producteurs dans les petites villes, la protection de la nature et le renouveau de l'artisanat constituent des valeurs essentielles.

Dans le monde actuel, régi par l'ancien paradigme, la machine joue un rôle prépondérant : la mécanisation vaut toujours mieux que le travail manuel, le progrès se mesure à la quantité de travail effectué par les machines, la technologie est censée avoir réponse à tout et chaque besoin humain trouve sa réponse dans la technique. Le nouveau paradigme préfère restituer toute sa dignité au travail des hommes. Se mettrc au service d'une personne en difficulté, fabriquer, produire, construire, jardiner, cuisiner, autant d'activités dotées d'une valeur intrinsèque que l'homme devrait avoir plaisir à accomplir. La machine intervient pour accompagner les mains de l'homme, non pour les remplacer. Elle est bienvenue en tant qu'outil, rien de plus. C'est un serviteur, non un maître.

L'ancien paradigme favorise l'uniformité et le conformisme. La monoculture mène le monde : les grandes enseignes internationales se déploient partout en centre-ville. D'un bout à l'autre de l'Europe, ce sont les mêmes marques, les mêmes vêtements, les mêmes aliments, les mêmes restaurants, les mêmes immeubles. Conscient de ces dérives, le nouveau paradigme place la diversité culturelle et la biodiversité au cœur de la réflexion sur les modes d'organisation sociale, l'habitat et l'urbanisme. Il est fondamental de pouvoir distinguer un village, une boutique, un restaurant d'un autre. La production locale de fromages, de vins, d'objets artisanaux, de spécialités culinaires et de vêtements est vivement encouragée, protégée et valorisée, de même que la musique et les danses traditionnelles – sans pour autant que soient dédaignées ou ignorées les cultures du monde.

L'ancien paradigme fait de la mondialisation la colonne vertébrale du commerce. Afin d'apporter sa pierre à l'édifice, chaque pays se spécialise dans un certain nombre de biens qu'il exporte dans le monde entier. La compétition se voit encouragée au nom de l'avantage comparatif. Fusions, rachats et monopoles favorisent les forts et pénalisent les faibles. « La survie du plus fort », maxime darwinienne adaptée à l'organisation sociale, régit les marchés et le commerce international. Le nouveau paradigme, lui, accorde sa préférence à tout ce qui est produit localement et à petite échelle. Le commerce ne sert pas seulement à acheter et à vendre des marchandises en optimisant les profits, c'est aussi une excellente manière d'améliorer les relations humaines. Dans cette optique, l'interdépendance devient un moyen d'entretenir l'amitié. En lieu et place de la mondialisation, l'économie locale assure la protection de l'environnement et renforce les liens entre les habitants.

Suivant l'ancien paradigme, la prise de décision se fait toujours du sommet vers la base, parce que les dirigeants d'un pays ou d'une entreprise sont supposés plus expérimentés et plus compétents que leurs administrés ou leurs employés. C'est dans la capitale nationale ou régionale que les règles sont établies, que les lois sont votées, les impôts collectés et la justice rendue ; c'est aussi là que siègent le parlement, la cour de justice, les administrations, les banques et les grandes entreprises. Le nouveau paradigme, lui, respecte scrupuleusement le principe de subsidiarité : en limitant les compétences de l'État aux décisions centrales, ce modèle novateur restitue les pleins pouvoirs aux collectivités locales pour tout ce qui concerne la conduite et la gestion de leurs propres affaires. Les organismes centraux ne traitent que les dossiers qui appellent des décisions transversales ; ils font pleinement confiance aux communautés et aux institutions locales pour régler les questions de santé, d'éducation, de police, d'impôts locaux ou de transports publics.

Le nouveau paradigme respecte scrupuleusement le principe de subsidiarité : en limitant les compétences de l'État aux décisions centrales, ce modèle novateur restitue les pleins pouvoirs aux collectivités locales pour tout ce qui concerne la conduite et la gestion de leurs propres affaires.

L'ancien paradigme accorde la primauté absolue aux méthodes et aux découvertes scientifiques : la science, bien que réductionniste, est considérée comme l'unique source de vérité. On doute de l'existence d'un phénomène dès lors qu'il ne peut être mesuré, analysé et défini. Le nouveau paradigme, en revanche, admet la pluralité des modes de connaissances : pour lui, la science n'est qu'un moyen d'explication parmi d'autres. L'intuition, la religion, l'analyse des sentiments, la mythologie, les contes et légendes bénéficient d'un statut équivalent à celui de la raison. La vision d'un grand sage jouit du même respect que la connaissance empirique. « La science sans religion est aveugle, la religion sans science est boiteuse », disait Albert Einstein. Le nouveau paradigme est holistique et non discriminatoire.

L'ancien paradigme est mécaniste : il compare la Terre à une machine inanimée et privée de sens – une chose morte. Le nouveau paradigme assimile la Terre à Gaïa, la déesse mère de la mythologie grecque. Loin d'être vue comme une machine, la planète est conçue comme un organisme vivant, un biotope autonome capable de s'autoréguler et de se perpétuer.

L'ancien paradigme est dualiste : comme René Descartes, le fondateur d'une école de pensée dans laquelle se reconnaissent encore la plupart des institutions scientifiques, scolaires et universitaires, ses partisans estiment que l'esprit est séparé de la matière, qu'il la domine et la possède. Les tenants du nouveau paradigme s'opposent à ce dualisme : pour eux, l'esprit et la matière ne font qu'un. Ils adhèrent à la physique quantique, qui n'établit pas de distinction entre un phénomène et celui qui l'observe.

> Liés par une origine et une évolution communes, les êtres vivants partagent tous la même humanité.

L'ancien paradigme est hiérarchique : il met en place des pyramides sociales, qu'il s'agisse du système de classes en Europe ou de celui des castes en Inde. Dans ces systèmes, chacun se voit attribuer une position en fonction de sa supériorité ou de son infériorité dans l'échelle sociale. Les entreprises sont régies par des chefs qui dirigent des employés ; les ordres religieux ont leur pape et leurs prêtres, leurs ayatollahs et leurs mullahs, leurs gurus et leurs disciples. Qui plus est, la société entière obéit à une hiérarchie établie entre les sexes, l'ethnie et la couleur de peau. Enfin, l'ensemble des êtres vivants sur la planète souffrent du spécisme, cette hiérarchie qui leur est imposée par l'espèce humaine. Le nouveau paradigme procède de manière inverse : basé sur l'interdépendance, il met tous les êtres vivants sur le même plan. Liés par une origine et une évolution communes, ils partagent tous la même humanité. La Terre est un réseau, un biotope, une communauté de vie.

Qu'il s'agisse d'exercer une domination financière, académique ou militaire, l'ancien paradigme valorise en permanence la prise de contrôle d'une entité sur une autre. L'ensemble des institutions économiques, scolaires ou politiques sont organisées dans ce but. Cet objectif est enraciné dans le mode de fonctionnement des institutions économiques, scolaires et politiques. Nos dirigeants veulent s'arroger le pouvoir et craignent de le perdre. Le nouveau paradigme, lui, repose sur la participation et le mutualisme. Chaque être vivant participe au cycle de la vie. Ils suivent tous le mouvement. Ils acceptent de faire partie d'un macrocosme et s'adaptent à ses variations. Ils sont sensibles à l'infinie variété des produits de l'imagination humaine, à la créativité et aux changements constants de formes et de comportements auxquels se livre la nature.

Ce nouveau paradigme est l'expression même de la trinité « terre, âme, société ».

8

Un univers bienveillant

Nous vivons dans un univers bienveillant. De tous les éléments qui le composent, le sol, surtout, fait preuve d'une bienveillance inépuisable : il offre aux graines les conditions nécessaires à leur germination, à leur naissance et à leur croissance ; c'est grâce à lui qu'elles peuvent exprimer leur potentiel. Le sol accueille et nourrit les racines des arbres tout au long de leur vie ; il leur donne la force de tendre leurs branches vers le ciel afin de recevoir l'énergie du soleil, qui leur permettra de réaliser la photosynthèse.

Grâce au sol, une seule graine peut se multiplier par cent pendant cent ans ; de toutes ces graines jailliront des arbres qui produiront des fruits colorés, odorants et savoureux, nourrissant les oiseaux, les abeilles, les hommes et animaux. L'arbre rend hommage à la bienveillance du sol et se montre bienveillant en retour : il propose ses fruits à quiconque les désire, sans restriction ni condition, qu'il s'agisse d'un malfrat ou d'un saint, d'un poète ou d'un prisonnier, d'un prince ou d'un paysan. L'arbre donne à l'homme le bois dont il a besoin pour construire une chaise, à l'oiseau la branche qu'il cherche pour bâtir un nid, et à tous l'oxygène nécessaire à la vie.

La bienveillance du soleil échappe à toute tentative de description. Il se consume pour maintenir la vie sur terre ; il fait tourner, par la seule force de son attraction, la planète bleue et tous ceux qui l'habitent ; il fait mûrir les récoltes qui nourrissent les hommes, les insectes et les animaux ; il offre à l'ensemble du règne végétal les conditions nécessaires à la réalisation de la photosynthèse qui assure la perpétuation des plantes, dont se nourrissent d'autres plantes, les bactéries, les insectes, les oiseaux, les animaux et les hommes.

La lune est bienveillante. Elle veille au maintien du cycle de la vie ; elle régule les marées et le passage du temps ; sainte patronne des peintres et des poètes, elle incarne les qualités du principe féminin.

La pluie est bienveillante. Issue des océans, elle grimpe à bord des nuages pour répandre ses bienfaits sur les fermes, les champs, les forêts, les montagnes et les maisons des hommes, de manière absolument gratuite et sans requérir d'autres sources d'énergie que la sienne ; elle humidifie les sols, apaise la soif, emplit les rivières, les étangs, les lacs et les puits ; elle s'associe au soleil pour nourrir le monde.

Le feu est bienveillant. Qu'il soit dans nos corps ou dans nos cheminées, il purifie, réchauffe, éclaire, cuit, digère, décompose et libère. Même les feux de forêts, tant redoutés, permettent à la nature de se régénérer. Il n'est pas rare, hélas, que l'homme fasse mauvais usage du feu par ignorance ou par colère. Il incombe alors à la société dans son ensemble de surmonter cette ignorance et d'endiguer cette colère afin que ses membres développent une bonne relation avec le pouvoir des flammes. Certes, la bienveillance du feu n'est pas de même nature que celle du sol et du soleil. Il n'en reste pas moins que le feu est bienveillant et que, sans lui, nous ne pourrions vivre.

L'air est bienveillant. Nous respirons, donc nous sommes. L'air est lié au souffle, donc à l'esprit, à l'inspiration, à la spiritualité ; de ce souffle – celui de Brahman, de l'univers, de Dieu – dépend toute vie sur terre. En sanskrit, l'air se dit « *prana* », qui désigne également la vie ; en chinois, on emploie le mot « *chi* », qui désigne à la fois l'air et la source d'énergie. L'air frais nous fait du bien ; il chasse l'odeur de renfermé, assainit nos maisons et nos vêtements ; il est constant et réellement bienveillant.

L'espace est bienveillant. Nous sommes tous contenus dans l'espace et par l'espace. Tout ce qui se meut, tout ce qui évolue est accueilli dans l'espace. Nous devrions toujours veiller à ne pas accumuler de possessions inutiles qui encombrent notre espace, nous asservissent et nous rendent dépendants.

L'âme est bienveillante. La compassion, la gentillesse, la générosité et la lumière intérieure sont autant de qualités d'âme qui font d'un être humain une belle personne ; l'esprit, l'intelligence et la conscience de soi appartiennent au domaine de l'âme et sont régis par elle. L'âme est le germe de la vie ; les sensations, les émotions, les sentiments, l'intuition et la raison empruntent tous le chemin de l'âme avant de s'exprimer dans le monde ; l'âme est aussi la gardienne de nos souvenirs. Elle n'appartient pas qu'aux seuls humains : les animaux, les oiseaux, les insectes, même les microbes, ont une âme ; la terre, les arbres, les rochers et les rivières ont une âme. Et ne dit-on pas que les maisons ont une âme, elles aussi ? Une maison sans âme n'est pas agréable à vivre. Nous faisons partie intégrante de l'*anima mundi*, l'âme du monde. Ceux qui prennent soin de leur âme sont sources de joie et de sérénité pour leurs proches.

La société est bienveillante. Chacun de nous contribue à l'existence de la grande communauté des hommes. La langue, la culture, la littérature, la peinture, la musique, l'architecture, l'agriculture, la science et la connaissance sont toutes issues de la société et partagées par elle entre les hommes. Nous n'avons pas à payer de droits d'auteur pour parler anglais, français, sanskrit ou chinois. Des millions de poèmes, de pièces de théâtre, de contes et de légendes se transmettent de générations en générations, oralement ou par écrit. Sans la société, il n'y aurait ni civilisation ni culture. Lorsqu'une société fonctionne bien, ses membres se montrent bienveillants envers les étrangers en leur offrant l'hospitalité lorsqu'ils sont en visite chez eux ; les bien portants aident ceux qui souffrent, les jeunes aident les plus âgés, les riches aident les pauvres. La bienveillance est partout autour de nous.

Nous avons hérité de la sagesse des peuples premiers ; nous tenons nos religions de grands maîtres tels que Mahomet, Mahavira, Moïse, Bouddha, Jésus-Christ et Lao-tseu. Ce dont nous avons bénéficié au fil de la longue histoire de l'Humanité échappe à toute mesure. Nous sommes redevables envers la société d'une dette que nous ne pourrons jamais rembourser – et pour laquelle la société ne nous réclamera jamais la moindre mensualité.

La plupart des familles sont bienveillantes ; la majorité d'entre nous a été conçue par amour. Notre mère nous a permis de croître en sécurité et nous a portés, à l'abri du monde, jusqu'à ce que nous soyons assez solides pour aller à sa rencontre. L'univers bienveillant a empli de lait sa poitrine afin que nous nous nourrissions de son amour. Notre père, nos oncles et tantes ont veillé sur nous et contribué à notre bonheur et à notre éducation. Nos parents ont travaillé dur pour nous offrir ce dont nous avions besoin, et bien plus encore ; ils nous ont aussi transmis le sens des responsabilités afin que nous puissions partager notre amour avec nos enfants et contribuer à perpétuer la bienveillance de l'univers.

Les médecins, les infirmières, les enseignants, les conducteurs de train, de taxi et de bus sont bienveillants. Grâce à eux, nous pouvons nous soigner, étudier, rendre visite à nos proches, aller au travail et nous acquitter de nos obligations quotidiennes.

L'univers reflète ce que nous sommes et la manière dont nous le percevons. Si nous posons sur lui un regard généreux et bienveillant, il nous témoignera à son tour générosité et bienveillance. En revanche, si nous l'abordons avec méfiance dans le seul but de satisfaire nos intérêts personnels, nous n'obtiendrons de sa part que méfiance et avidité. La confiance appelle la confiance, la peur appelle la peur. Admettre la bienveillance de l'univers ne consiste pas à nier l'existence de sa part d'ombre, mais ne voir dans la nature qu'un univers sauvage et impitoyable, et dans l'espèce humaine que des êtres égoïstes et cupides, nous incite à répondre sur le même registre. Si nous plantons les graines de la malveillance, nous récolterons de la malveillance ; si nous plantons les graines de la bienveillance, nous récolterons de la bienveillance.

Si nous posons sur l'univers un regard généreux et bienveillant, il nous témoignera à son tour générosité et bienveillance.

Voici un conte exemplaire en ce sens.

Un voyageur traverse un village et interroge un passant pour savoir à quoi ressemble le village voisin.

« Ses habitants sont-ils amicaux et chaleureux ? demande-t-il.

— À quoi ressemblait le village que vous avez traversé avant d'arriver ici ? répond le passant.

— Oh, c'était affreux ! Les gens se sont montrés indifférents et antipathiques, voire franchement hostiles.

— Le village suivant n'est pas très différent », assure le passant. Le voyageur fronce les sourcils et poursuit sa route avec appréhension.

Un moment plus tard, un autre voyageur arrête le même passant et lui pose la même question.

« À quoi ressemble le village voisin ? Les habitants sont-ils sympathiques ?

— À quoi ressemblait le village que vous avez traversé avant d'arriver ici ? répond le passant.

— Oh, c'était merveilleux ! Les gens se sont montrés aimables, accueillants et serviables, se félicite le voyageur.

— Le village suivant n'est pas très différent », assure le passant.

Cette petite histoire nous montre que la bienveillance agit comme un miroir : si vous en témoignez à autrui, vous en obtiendrez en retour. Les personnages de ce conte illustrent à merveille ce principe tout simple de la psychologie humaine. Mais qu'en est-il dans la vie de tous les jours ? Et pire encore, lorsque éclate un conflit racial, religieux ou politique, et que chacun prend parti en se repliant sur ses convictions, au mépris de celles du camp adverse ?

Il est alors bien difficile de continuer à se montrer généreux et bienveillant. Si la bonté est inhérente à l'espèce humaine, elle est souvent balayée par les disputes, les conflits et les guerres qui ravagent le monde. Partout, les hommes se déchirent : Palestiniens contre Israéliens, Iraniens contre Américains, Indiens contre Pakistanais. Ces conflits durent depuis plus de soixante ans et ne sont pas près de s'achever, hélas.

Mais rêvons un peu. Imaginons que les dirigeants américains envoient un message d'amitié à leurs homologues iraniens.

« Nous ne voulons pas être vos ennemis. Nous ne souhaitons pas porter atteinte à vos intérêts économiques ni interférer dans votre politique intérieure. Nous ne ferons jamais de mal aux citoyens de votre pays. Nous vous vendrons nos marchandises à un prix équitable, nous achèterons votre pétrole à un prix tout aussi équitable et nous n'emploierons jamais la force contre vous. En outre, nous nous engageons à réduire progressivement la taille de notre arsenal nucléaire. Enfin, si la moindre dissension s'élevait entre nos deux pays, nous ferions appel à l'ONU pour régler ce différend et nous entamerions avec vous des négociations par voie diplomatique. Vous n'avez aucune raison de nous craindre. Nous désirons vous traiter en égaux. »

Ne serait-ce pas la plus amicale des déclarations ? Maintenant, imaginez que l'Iran réponde de manière similaire. « Nous ne souhaitons absolument pas porter atteinte aux intérêts américains. Nous n'attaquerons jamais Israël. Asseyons-nous autour d'une table et entamons des négociations. Ne nous arrêtons pas avant d'avoir trouvé une solution juste et équitable pour chacun d'entre nous, et surtout pour les Palestiniens, nos frères en religion. Ils souffrent depuis trop longtemps. L'heure est venue de leur proposer un nouvel accord. Quoi qu'il arrive, nous n'emploierons que des moyens non violents et pacifiques pour résoudre les difficultés qui nous opposent. »

Une fois signées, ces déclarations empêcheraient les États-Unis et l'Iran de se lancer des menaces et des ultimatums, de se soupçonner mutuellement du pire et de mettre en place des boycotts commerciaux.

Des engagements similaires mériteraient d'être contractés avec sincérité par tous les belligérants du monde, qu'il s'agisse de grands ou de petits conflits. C'est loin d'être le cas, hélas : sous couvert de diplomatie, les parties en présence s'échangent des menaces à peine voilées. La méfiance, non la confiance, règne en maître. Les mêmes pays qui dépensent des milliards de dollars pour leur armée et n'hésitent pas à envoyer leur jeunesse au front au risque de la perdre, se refusent absolument à employer le langage, pourtant simple, de la confiance et de la bienveillance. Ne serait-ce pas le moyen le plus accessible et le plus efficace de résoudre les conflits en cours ? On le sait, la guerre appelle la guerre et la haine appelle la haine. Les hommes ont vu ces principes se vérifier encore et encore au fil de l'histoire, mais ils refusent de tirer les leçons du passé. La plupart des hommes politiques, des militaires et des entrepreneurs accordent une confiance aveugle au pouvoir des armes et des bombes, alors qu'en définitive, c'est autour d'une table que sera scellé leur destin. Les chefs d'État sont toujours contraints de négocier, même si leurs soldats se sont épuisés au combat, que ce soit au Vietnam ou en Irlande.

La bienveillance est venue à bout de la politique d'apartheid et du mur de Berlin ; elle a mis fin, par la voix de Mikhaïl Gorbatchev et d'autres dirigeants russes éclairés, au régime soviétique et permit d'accorder l'indépendance aux anciennes républiques satellites de l'Union soviétique ; elle a guidé la main des signataires du traité du Rome, hommes et femmes visionnaires, courageux et généreux, qui ont donné naissance à l'Union européenne après des siècles de guerres fratricides ; elle a favorisé, partout où c'était possible, la négociation plutôt que la violence dans les anciennes colonies désireuses d'accéder à l'indépendance ; elle a contribué à mettre fin à l'esclavage en ouvrant les yeux de nombreux esclavagistes, de plus en plus embarrassés par l'idée, moralement inacceptable, de posséder d'autres êtres humains ; elle a nourri la lutte non-violente de Martin Luther King et des militants pour les droits civiques, qui ont obtenu, sans bain de sang, l'égalité des droits sur tout le territoire américain.

L'histoire de la bienveillance étant émaillée de très nombreux succès, il me paraît illogique de ne pas généraliser son application à l'ensemble des relations internationales. Mon avis ne fait manifestement pas l'unanimité, puisque je suis taxé de naïf et d'irréaliste chaque fois que je tente de l'énoncer. Irréaliste, moi ? Qu'ont donc accompli les « réalistes » de si fabuleux pour que je doive me plier à leur vision du monde ? Rien, sinon des catastrophes. C'est au nom du « réalisme » que des millions de personnes meurent au combat, que des millions d'autres meurent de faim, perdent leur travail et se retrouvent sans toit, alors que la terre nous offre d'abondantes ressources naturelles, que nous bénéficions de technologies avancées et que des milliards de dollars s'échangent à chaque instant sur les places financières mondiales. Dans ces conditions, pourquoi faudrait-il absolument se convertir au réalisme ? N'assiste-t-on pas, sous le regard des prétendus « réalistes », au pillage et à la pollution des océans, à l'accumulation de gaz à effet de serre dans l'atmosphère et à l'explosion de la population mondiale au-delà des limites supportables par notre planète ? Si telles sont les victoires des réalistes, il est grand temps de leur dire adieu et de donner une chance aux irréalistes et idéalistes de tous bords.

> L'histoire de la bienveillance étant émaillée de très nombreux succès, il me paraît illogique de ne pas généraliser son application à l'ensemble des relations internationales.

Les idéalistes devraient lancer un véritable appel à la bienveillance afin de bâtir un grand mouvement populaire sur ce thème. À l'heure actuelle, si la bienveillance est partagée par de très nombreux individus et constitue le projet de multiples organisations caritatives, elle n'a pas encore donné lieu à un mouvement qui porterait son nom, comme il y en eut contre l'esclavage et l'apartheid. La Soil Association, les Amis de la Terre, Greenpeace, le WWF et beaucoup d'autres organisations similaires, attentives à la protection des sols, de la nature et des zones rurales, effectuent un travail formidable – mais sans aucun lien avec les grandes institutions religieuses ou les associations qui militent pour la justice sociale. Parallèlement, des groupes de prière, des associations New Age, des écoles de yoga et de méditation nous invitent à nourrir notre âme et contribuent à notre développement personnel, sans chercher à tendre la main aux associations qui œuvrent à la justice sociale et à la protection des populations menacées ou démunies (Médecins sans Frontières ou Amnesty International, par exemple), qui luttent, elles, dans un tout autre domaine. Pourtant, les soins apportés à la nature, à l'instauration de la justice sociale et à la quête de renouveau spirituel sont autant de déclinaisons d'une même valeur fondamentale :

la bienveillance. Si toutes ces associations acceptaient d'unir leurs forces et leurs combats, nous assisterions à l'émergence d'un grand mouvement international pour la transformation du monde, le changement de valeurs et la création d'un nouveau paradigme.

Ne vous méprenez pas, je ne souhaite pas voir ces associations fusionner. Bien au contraire : il me paraît essentiel qu'elles conservent leur autonomie et leur identité propre, tout en œuvrant ensemble à l'instauration d'un système économique respectueux de l'environnement, à la réhabilitation de la spiritualité et à la promotion de la justice sociale. En se donnant la main, elles seraient mieux à même de faire entendre leurs revendications auprès des pouvoirs politiques, des chefs d'entreprise, des médias, du corps enseignant et du grand public. En travaillant ensemble, elles multiplieraient par dix leur influence et leur force de frappe. Pour vous en convaincre, jetez un œil à l'équation suivante : 1 + 1 = 11.

N'est-ce pas une bonne manière de se représenter la situation ? Mises côte à côte, nos forces ne sont-elles pas multipliées, plutôt qu'additionnées ?

C'est en nous unissant pour montrer l'exemple, multiplier les prises de parole et les actions pratiques que nous réussirons à fonder un mouvement international pour la bienveillance et la non-violence.

Inutile de chercher à remplacer la malveillance par la bienveillance : nous n'y parviendrons pas. Le moyen le plus efficace d'arriver à nos fins consisterait plutôt à remettre en cause l'institutionnalisation de la malveillance, qui donne lieu au militarisme, au matérialisme, au consumérisme et au sectarisme dont nous souffrons actuellement. En effet, s'il semble possible de lutter contre l'individualisme au niveau personnel, il est illusoire de penser l'emporter contre les grandes institutions qui font de la malveillance la pierre angulaire de leur système. Pourtant, c'est précisément à cet endroit, là où la malveillance est reine, que se joue actuellement l'avenir de l'humanité et de la nature.

Ne nous leurrons pas, aucun Premier ministre, aucun gouvernement au monde n'établira la suprématie de la bienveillance sur l'égoïsme, l'individualisme et la quête de profit ; aucun parlement, aucun sénat n'inscrira la culture de la bienveillance dans la loi. La concrétisation d'une telle utopie ne peut venir que de la base – citoyens réunis en associations, collectivités locales, habitants de petites villes et des zones rurales, citadins en quête d'un autre mode de vie. Voilà pourquoi il est essentiel que tous ceux qui militent pour la protection de la nature, la quête de sens et la défense du vivre-ensemble associent leurs forces et leurs compétences pour constituer un grand mouvement populaire.

Ce mouvement devrait lutter simultanément sur deux fronts. Le premier se joue dans la résistance aux institutions malveillantes occupées à miner l'intégrité de la nature, à saper les valeurs spirituelles et à perpétuer l'injustice sociale et l'exploitation économique. Cette résistance a obtenu d'immenses victoires il y a quelques décennies ou quelques années, portée par des personnalités exceptionnelles telles que le Mahatma Gandhi, Martin Luther King, Nelson Mandela et Aung San Suu Kyi. Pour éveiller les consciences, il est nécessaire de mettre en lumière la folie de la violence institutionnalisée. Le second front est celui de la construction. Il ne suffit pas de renverser les vieilles lunes : il faut proposer des solutions et des modèles de remplacement, créer des institutions favorables au développement de l'agriculture biologique, du bien-être animal, de la défense de la vie sauvage, de la protection de la forêt amazonienne, des organisations vouées au respect des religions et du dialogue interreligieux, à la libération des prisonniers politiques, au désarmement nucléaire et à la réduction des dépenses militaires, à la promotion des coopératives mutualistes et à la résolution des conflits de manière pacifique. On le voit, la liste des thèmes dont pourrait s'emparer ce mouvement international pour la bienveillance est sans limites. De très nombreux projets sont déjà à l'œuvre en ce sens, mais leurs acteurs peinent à jouer dans la cour des grands, faute des moyens financiers et politiques nécessaires.

Il me paraît fondamental de mener ces deux combats de front si l'on souhaite bâtir un vrai mouvement populaire susceptible d'appeler au changement dans le monde entier. Pour cela, il faudra que chacun, individu ou institution, accepte de mettre son ego de côté et de renoncer à la poursuite de ses intérêts individuels. Nous devons passer du culte de l'*ego* à la culture de l'*éco*. L'*ego* nous enferme dans les limites étroites de notre petite personne – il s'agit de cumuler les succès, d'accroître notre pouvoir, d'obtenir de la reconnaissance, mais toujours au niveau personnel – ; l'*éco* nous invite à rejoindre la grande communauté des hommes et des habitants de la Terre – il nous permet d'établir des relations, de remporter des succès collectifs et de travailler au bien-être de tous.

L'éveil du grand public aux questions cruciales que posent la protection de la nature, la qualité de vie et la justice sociale a progressé par étapes successives au cours des cinquante dernières années depuis la parution de *Printemps silencieux*, l'ouvrage fondateur de Rachel Carson. En 1962, lorsque le livre est sorti aux États-Unis, quasiment personne ne s'intéressait au développement des énergies renouvelables, au bien-être animal ou à l'émergence du mouvement végétarien. L'aide au développement se résumait à la mise en place et à la gestion de missions caritatives ou humanitaires, à l'occidentalisation et à l'industrialisation à marche forcée des régions agraires du Sud.

Nous vivons aujourd'hui dans un monde très différent de celui des années 1960. L'accélération sensible du réchauffement climatique et la raréfaction des combustibles fossiles ont ouvert les yeux du grand public. Désormais, le nombre d'inscrits à des associations de lutte pour la protection de l'environnement dépasse celui des militants encartés dans des partis politiques, toutes tendances confondues. N'est-ce pas une bonne raison d'espérer un avenir meilleur ? Comparé à l'histoire géologique de la planète, l'avènement de la monoculture industrielle et de la production de masse ne sera bientôt qu'un épiphénomène, aussi vite oublié qu'il sera passé. Les civilisations naissent et meurent. L'impérialisme et le colonialisme, encore si puissants au siècle dernier, s'affaiblissent d'année en année. Rien ne prouve que l'économie mondialisée, dépendante des énergies fossiles et destructrice de la nature, soit appelée à se pérenniser. Ne donne-t-elle pas déjà des signes d'essoufflement ? Ce qui est créé par l'homme peut être changé par l'homme. Alors armons-nous de toute la force de nos convictions pour appeler au changement !

Actuellement, tous les gouvernements occidentaux peinent à atteindre le taux de croissance économique requis par les grandes institutions financières mondiales. Chacun a renoncé au rêve du plein-emploi, et jamais le grand public n'a eu si peu confiance dans ses journalistes et ses hommes politiques. Il nous semble de plus en plus chimérique d'être à la fois satisfaits au travail et dans notre vie privée. Les sociétés industrielles traversent une crise majeure, à la fois sur le plan moral, écologique et économique. Les banquiers, les hommes politiques et les économistes ont échoué : la finance internationale est devenue ingérable, la paix inatteignable et la courbe du chômage ne s'infléchit pas. La société de consommation est en pleine confusion. Jamais le changement n'a été aussi nécessaire ; jamais les conditions ne lui ont été plus favorables. Qu'attendons-nous pour saisir cette opportunité et prouver aux sceptiques qu'un autre monde est possible ? Un monde dans lequel la nature serait respectée, où la compassion et la coopération seraient valorisées et où la quête du bonheur l'emporterait sur celle du profit. Ensemble, nous pouvons initier et mettre en œuvre la transition écologique afin de passer de l'économie capitaliste à l'économie durable. Cessons de placer le capital financier au-dessus du capital naturel ; remettons l'argent et la finance à leur juste place, et limitons le pouvoir qu'ils exercent sur notre vie.

Cette conception holistique du monde, qui permet de réunir en un tout cohérent ses différents aspects – naturel, spirituel et social –, est plus qu'une urgence : un impératif. Nous devons apprendre à voir l'éléphant dans son intégralité, au lieu de nous arrêter sur une seule partie de son corps, comme le font les six aveugles d'un conte indien.

Il était une fois six aveugles, dont la route croisa celle d'un éléphant. Ils avaient entendu parler de ces animaux, mais n'en avaient jamais approché. L'un des aveugles toucha son flanc ; le deuxième toucha sa trompe ; le troisième frôla ses défenses ; le quatrième toucha une de ses pattes, le cinquième son oreille et le sixième sa queue. Ensuite, ils s'assirent sous un arbre pour partager leurs impressions.

« Maintenant, je sais ce qu'est un éléphant, déclara l'homme qui avait touché le flanc de l'animal. C'est rond et large, comme le fond d'un énorme tonneau.

— Pas du tout ! s'exclama celui qui avait touché la trompe. On dirait un cobra, long et sinueux.

— Quelle bande d'idiots ! railla le troisième, qui avait touché une des défenses. C'est dur, lisse et pointu, comme une pierre taillée.

— Avez-vous perdu la tête ? Cet éléphant ressemble à une immense colonne ! s'écria le quatrième aveugle, qui avait touché la patte de l'animal.

— Une colonne ? Certainement pas ! protesta le cinquième comparse, qui avait effleuré les oreilles. C'est une sorte de grand éventail, fin et plat.

— N'importe quoi ! s'insurgea le sixième, qui avait touché la queue de l'éléphant. Vous vous trompez tous. On dirait une corde, fine, souple et solide ! »

Ils se disputaient si âprement qu'ils faillirent en venir aux mains.

« Que se passe-t-il ? s'écria un passant, alerté par le bruit. Pourquoi vous battez-vous ?

— C'est à propos de l'éléphant, expliqua l'un des aveugles. Nous n'arrivons pas à nous mettre d'accord. Nous l'avons touché en même temps, mais nos impressions sont toutes différentes. »

Le passant éclata de rire.

« Calmez-vous, donc ! L'éléphant est un très gros animal. Ses flancs ressemblent à un tonneau, sa trompe à un cobra, ses défenses à des pierres taillées, ses pattes à des colonnes, ses oreilles à deux éventails et sa queue à une corde. Il faut que vous mettiez vos impressions en commun pour vous représenter l'éléphant tout entier !

— Merci mille fois, monsieur, répondit l'aveugle. Nous avons compris, à présent. »

Cette histoire nous enseigne les vertus de l'entraide et du mutualisme, tout en nous rappelant à quel point notre vision du monde peut être partielle. Aussi est-il nécessaire de nous associer pour confronter nos visions et nos solutions respectives. Nous ne parviendrons à appeler efficacement au changement qu'en élargissant le champ de nos préoccupations afin de percevoir l'univers dans sa globalité. Et dans cette globalité, les trois dimensions du monde : la dimension écologique, la dimension spirituelle et la dimension sociale – la terre, l'âme et la société.

Remerciements

Je n'aurais pas écrit cet ouvrage sans l'aide et le soutien de June, mon épouse. Le matin, nous avons l'habitude de discuter, elle et moi, autour d'une tasse de thé – des conversations d'ordre général qui nous permettent de revisiter des concepts familiers, d'en explorer de nouveaux et d'ébaucher parfois un semblant de conclusion. Nous parlons à bâtons rompus, puis vaquons à nos occupations quotidiennes, laissant ces échanges se dissiper dans nos esprits. Certains d'entre eux continuent néanmoins d'occuper mes pensées, réclamant une réflexion plus approfondie. Ce sont ceux-là qui ont donné naissance à ce livre.

June a également participé au processus d'écriture, de lecture et de révision du manuscrit. Elle s'est impliquée dans ce projet avec une présence et une générosité sans égales. Les mots me manquent pour dire l'étendue de ma reconnaissance envers elle.

Je tiens également à adresser mes remerciements à Lee Cooper, qui a dactylographié le manuscrit avec un soin infini. Notre amitié, désormais quarantenaire, a vu le jour en 1973, lorsque nous avons commencé à travailler ensemble au sein de la revue *Resurgence*, June, Lee et moi. Lee était déjà, et n'a jamais cessé d'être, un modèle de volonté et de courage.

Un grand merci à Elaine Green, qui m'aide à concrétiser mes projets d'écriture depuis plus de dix ans. Ses conseils avisés et désintéressés se sont révélés inestimables. C'est grâce à elle que le livre a pris sa forme définitive.

Enfin, je suis profondément reconnaissant à Monica Perdoni de m'avoir soufflé l'idée de cet ouvrage, puis de m'avoir encouragé à l'écrire. Diriger la revue *Resurgence & Ecologist*, enseigner au Schumacher College, donner des conférences et participer à des tables rondes en Grande-Bretagne et à l'étranger me laisse peu de temps pour écrire. Je n'aurais jamais trouvé l'occasion de mettre ces mots sur le papier si Monica ne m'avait amicalement, mais fermement, persuadé de le faire. Merci, Monica !

Index

TABLE

l'esprit d'ouverture

Collection codirigée par Fabrice Midal
et Françoise Triffaux

Shawn Achor
Comment devenir un optimiste contagieux, 2012
Choisir l'optimisme. Comment être heureux par mauvais temps, 2015

Karen Armstrong
Compassion. Manifeste révolutionnaire pour un monde meilleur, 2013

Julie Barton
Dog médecine, 2017

Bashô, Issa, Shiki
L'Art du haïku. Pour une philosophie de l'instant, 2009

Tal Ben-Shahar
L'Apprentissage du bonheur. Principes, préceptes et rituels pour être heureux, 2008
L'Apprentissage de l'imperfection, 2010
Apprendre à être heureux. Cahier d'exercices et recettes, 2010
Choisir sa vie. 101 expériences pour saisir sa chance, 2014

Andrew Bienkowski
Le Grand-Père et le Veau. Leçons de vie et d'espoir, 2012

Tara Brach
L'Acceptation radicale, 2016

Dr Michael Breus
Quand ? Faites votre révolution chronobiologique et réalisez pleinement votre vie, 2017

David Burns
Bien ensemble. Comment résoudre les problèmes relationnels, 2010

Dana Caspersen
Reprendre la conversation. 17 principes pour sortir du conflit et se faire entendre, 2016

Yu Dan

Le Bonheur selon Confucius. Petit manuel de sagesse universelle, 2009
Le Bonheur selon Tchouang-tseu, 2015

David Deida

L'Urgence d'être. Zen et autres plaisirs inattendus, 2009

Norman Doidge

Les Étonnants Pouvoirs de transformation du cerveau. Guérir grâce à la neuroplasticité, 2008
Guérir grâce à la neuroplasticité. Découvertes remarquables à l'avant-garde de la recherche sur le cerveau, 2016

Stefan Einhorn

L'Art d'être bon. Oser la gentillesse, 2008

Robert Emmons

La Gratitude. Cette force qui change tout, 2018 (rééd.)

Les Fehmi et Jim Robbins

La Pleine Conscience. Guérir le corps et l'esprit par l'éveil de tous les sens, 2010

Erich Fromm

L'Art d'aimer, 2015

Gerd Gigerenzer

Le Génie de l'intuition. Intelligence et pouvoirs de l'inconscient, 2009

Dr Michael Greger avec Gene Stone

Comment ne pas mourir. Les aliments qui préviennent et renversent le cours des maladies, 2017

Christopher Hitchens

dieu n'est pas Grand. Comment la religion empoisonne tout, 2009, rééd. 2018

Russell Jacoby

Les Ressorts cachés de la violence. D'Abel et Caïn à nos jours, 2014

Ursula James

La Source. Manuel de magie quotidienne, 2012

Jia Jiang

À l'épreuve du non. 100 jours d'un désopilant combat pour surmonter la peur du rejet, 2017

Thupten Jinpa

N'ayons plus peur. Oser la compassion peut transformer nos vies, 2016

Dan Josefsson et Egil Linge

Du premier rendez-vous à l'amour durable. Identifier ses problèmes relationnels, se libérer de l'insécurité affective, vaincre la peur de l'engagement et construire enfin une relation durable, 2012

Jack Kornfield

Bouddha mode d'emploi, 2011

Une lueur dans l'obscurité. Comment traverser les temps difficiles grâce à la méditation, 2013

La Sagesse du cœur. La méditation à la portée de tous, 2015

Satish Kumar

Tu es donc je suis. Une déclaration de dépendance, 2010

John Lane

Les Pouvoirs du silence. Retrouver la beauté, la créativité et l'harmonie, 2008

Martha Lear

Mais où sont passées mes lunettes ? Comment gérer au quotidien les petits troubles de la mémoire, 2009

Roberta Lee

SuperStress. La solution, 2011

Takanori Naganuma

Prendre soin de son intestin. La méthode japonaise pour ouvrir les voies de l'intuition, retrouver l'énergie vitale et renouer avec le moi profond, 2016

Dzogchen Ponlop Rimpoché

Bouddha rebelle. Sur la route de la liberté, 2012

Richard David Precht

Qui suis-je et, si je suis, combien ? Voyage en philosophie, 2010

Amour. Déconstruction d'un sentiment, 2011

L'Art de ne pas être un égoïste. Pour une éthique responsable, 2011

Pourquoi j'existe ? Et autres leçons de philosophie pour les enfants curieux, 2014

Michael Puett et Christine Gross-Loh

La Voie. Une nouvelle manière de tout penser autrement, 2017

Todd Rose

La Tyrannie de la norme, 2017

Mark Rowlands

Le Philosophe et le Loup. Liberté, fraternité, leçons du monde sauvage, 2010

Gretchen Rubin

Opération Bonheur. Une année pour apprendre à chanter, ranger ses placards, se battre s'il le faut, lire Aristote... et être heureux, 2011

Sharon Salzberg

Apprentissage de la méditation. Comment vivre dans la plénitude, 2013
L'Amour qui guérit, 2015
Comment s'ouvrir à l'amour véritable. Apprendre à aimer, apprendre à s'aimer, 2018

Brenda Shoshanna

Vivre sans peur. Sept principes pour oser être soi, 2011

Adam Soboczynski

Survivre dans un monde sans pitié. De l'art de la dissimulation, 2011

Carlo Strenger

La peur de l'insignifiance nous rend fous. Une quête de sens et de liberté pour le XXIe siècle, 2013
Le Mépris civilisé, 2016
Allons-nous renoncer à la liberté ? Une feuille de route pour affronter des temps incertains, 2018

Scott Stossel

Anxiété. Les tribulations d'un angoissé chronique en quête de paix intérieure, 2016

Chade-Meng Tan

Connectez-vous à vous-même. Une nouvelle voie vers le succès, le bonheur (et la paix dans le monde), 2014

Thich Nhat Hanh

Prendre soin de l'enfant intérieur. Faire la paix avec soi, 2014
Vivre en pleine conscience : manger, 2016
Vivre en pleine conscience : s'asseoir, 2016
Vivre en pleine conscience : marcher, 2016
Vivre en pleine conscience : aimer, 2016
Vivre en pleine conscience : se détendre, 2017

La Terre est ma demeure. Autoportrait d'un artisan de paix, 2017
Vivre en pleine conscience : l'intégrale, 2017
Un prof heureux peut changer le monde, 2018

Peter M. Wayne
Taï-chi : la méditation en mouvement. Une approche scientifique pour un art millénaire, 2014

Caroline Webb
Passer une bonne journée au bureau, c'est possible, 2017

Regina Wong
Faites de la place. Guide moderne du minimalisme, 2018

Composition et mise en pages
Nord Compo à Villeneuve-d'Ascq

FSC
www.fsc.org
MIXTE
Papier issu de
sources responsables
FSC® C003309

Cet ouvrage a été achevé d'imprimer en septembre 2018
dans les ateliers de Normandie Roto Impression s.a.s.
61250 Lonrai
N° d'impression : 1804013

Imprimé en France